20. Juli 2

Radreiseführer

Ruhrtalradweg

Genussmomente und lohnenswerte Schlenker
für Reise-Radler und E-Bike-Entdecker

is Duisburg · Essen · Witten · Schwerte · N · Arnsberg · Olsbe · Von Winterberg

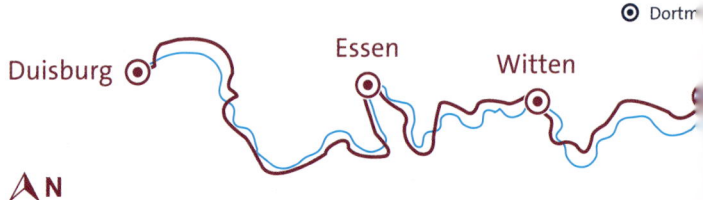

Dortm

Duisburg ⊙   Essen   Witten

⊙

A N

⊙ Düsseldorf

⊙ Mönchen-
   gladbach

Der
Ruhrtalradweg

Lass den Alltag hinter dir, nimm dir die Zeit – Fahr los, um etwas zu erleben und schreibe es nieder. Erinnere dich an deine Reise, an die Natur, die Städte und die Menschen, mit denen du die Momente geteilt hast.

te

Arnsberg

Olsberg

Winterberg

Lass dich von den Anblicken deiner Reise in Staunen versetzen.

Duisburg · Essen · Witten · Schwerte · Arnsberg · Olsberg · Winterberg

Die
Ruhr

V om Rothaargebirge bis zum Rhein
– das ist der 219,3 Kilometer lange
Verlauf der Ruhr am südlichen Rand
der größten Agglomeration Deutschlands, der sie ihren Namen gegeben hat.
Noch ein paar Kilometer länger ist der
2006 eröffnete Ruhrtalradweg, der erstaunlich viel intakte Natur und noch
mehr Zeugnisse der (Industrie-)Kultur
aus der Sattelperspektive erleben lässt.

Start am
Skilift

Es ist nur ein kleines Steinrondell, in dem die Ruhr aus dem Waldboden quillt, doch ihr Lauf beginnt geradezu alpin: In einem Gebiet, das mit der Bike Arena Sauerland Westdeutschlands größtes Bergrad-Routennetz birgt, aber auch die Skilifte, Pisten und Après-Ski-Hütten von Winterberg. Am dortigen Bahnhof nimmt auch der Ruhrtalradweg seinen Ausgang. Seine ersten Etappenziele sind das Rosendorf Assinghausen, die „Altstadtperle" Arnsberg und Eversberg, eines der schönsten Fachwerkdörfer des Sauerlandes.

Alte Steine,
junge Seen

Es folgt Spaß am See – genauer: Am Hengsteysee, dem östlichen Auftakt der Ruhrstauseen, und am Harkortsee bei Wetter. Da wie dort lässt sich die Radreise genussvoll durch eine Bootsfahrt oder den Besuch eines Freibads unterbrechen. Weitere Top-Aussichtspunkte bieten die Burgruine Volmarstein und die Mauern auf dem Hardenstein. Der 1980 eröffnete Kemnader See ist das jüngste jener Staugewässer, an denen man hier entlanggradelt, der Baldeneysee im Süden von Essen, der europäischen Kulturhauptstadt des Jahres 2010, das größte.

Stadtgrün und
Hafenfeeling

Das Ruhrrad-Finale beginnt mit den sieben Kilometer langen Grünanlagen der Mülheimer Landesgartenschau von 1992. Die Stadt Mülheim ist insgesamt sehr „grün" und bietet viele Attraktionen, etwa das Aquaruis-Wassermuseum oder den Wasserbahnhof auf der Schleuseninsel. Schließlich endet der 230 Kilometer lange Bikeparcours in Duisburg, dem größten Binnenhafen Europas, wo die Ruhr bei Rheinkilometer 780 in den Niederrhein mündet. Die Duisburger Altstadt und die Route der Industriekultur bilden finale Glanzpunkte.

Vorfreude...

Dieser Radreiseführer handelt von Entdeckerdrang und dem Gefühl von Freiheit. Mit dem Zweirad aufzubrechen und aus eigener Kraft entlang des Fernradweges Land und Leute, Kultur- und Naturschätze zu entdecken, ist ein unvergleichliches Erlebnis. Damit dies gelingt, geben dir die nächsten Seiten eine Einführung zum Buch, wertvolle Tipps sowie Erfahrungswerte von Profis zu Tourenplanung und Checklisten. Außerdem gibt es hilfreiche Infos zur Beschilderung entlang des Radweges und zur Wegequalität.

ZUM RADREISEFÜHRER

Alles über die Kapitel, zu Highlights, Schlenker, Wissenswertes und über das Roadbook im Detail... **S.14 & 15**

GPX-TRACK & TOURENPLANUNG

Alle Infos zum Download der Hauptroute und wie man seine persönliche Radtour optimal plant... **S. 18 & 19**

ANREISE MIT DEM ZUG

Umweltfreundlich, ohne Parkprobleme und zusammen mit Freunden. Alle Informationen... **S. 20 & 21**

EXPERTENTIPP

Erfahrungswerte, spezielles zum Elektrorad und die Checkliste vor jeder Fahrt von den Profis... **S. 22 & 23**

EINGEPACKT

Erfahrene Radreisende folgen dem Grundprinzip „Weniger ist mehr". Es gilt den Spagat zwischen sinnvoller Ausrüstung und Gewicht bzw. Packvolumen zu meistern. Des Weiteren sollte systematisch und ausbalanciert gepackt werden. Es schafft Sicherheit und spart Zeit und Nerven. Die Checkliste... **S. 24 & 25**

SCHILDERWALD & WEGECHARAKTER

Nützliche Infos zur Beschilderung entlang des Weges und dessen Qualität sowie Kontaktinformationen... **S. 26 & 27**

Zum Radreiseführer

Das Buch ist klar und einfach in zwei Teile gegliedert:
Reiseführer & Roadbook

Mit dabei ist ein Kontaktverzeichnis, eine Extra-Karte und
der GPX-Track zur Hauptroute.

Der Reiseführer und die Extra-Karte für den nötigen Überblick zeigen dir das „Rundherum" des Weges und nicht nur den Asphalt unter den Reifen. Hier werden die Stationen des Radwegs charmant beschrieben. Die Einteilung in **„Kapitel"** dient der großräumigen Orientierung. Dabei handelt es sich nicht um Empfehlungen für Tagesetappen. Konditionelle Unterschiede und die immer häufiger verwendeten E-Bikes erfordern eine individuelle Etappenplanung.

Jedes Kapitel beginnt mit einem illustrierten Höhen- und Streckenprofil zur schnellen Orientierung. Start- und Zielort des jeweiligen Kapitels sind im Profil und durchgehend am linken oberen Seitenrand beschriftet. Die Beschreibung greift nach und nach den landschaftlichen Charakter und die Sehenswürdigkeiten entlang der Hauptroute auf und vermittelt auf diese Weise ein Gefühl für die Umgebung. Unterbrochen wird der Text durch farblich hinterlegte Infoboxen.

Highlights am Wegesrand: Diese sind im Haupttext hervorgehoben und in Kombination mit dem Symbol einer Kamera durchnummeriert (siehe oben rechts). In einem grün eingefärbten Feld (entweder neben dem Text oder am Kapitelende), welches mit der entsprechenden Symbol-Nummer markiert ist, wird das

Highlights am Wegesrand

Lohnenswerte Schlenker

Wissenswertes im Gepäck

jeweilige Highlight detailliert beschrieben. Die Stadtpläne helfen bei der Orientierung an Ort und Stelle. Im Roadbook sind die Sehenswürdigkeiten mittels Symbol-Nummer verortet.

Lohnenswerte Schlenker: Neben den Highlights sind im Text auch abseits vom Radweg gelegene Sehenswürdigkeiten als Lohnenswerte Schlenker ausgewiesen. Denn häufig zahlen sich kleinere oder größere Abstecher von der Hauptroute aus, um interessante Orte und Geheimtipps fernab des Trubels für sich zu entdecken. Die Kennzeichnung im Text sowie in der dazugehörigen separaten Infobox (blau eingefärbt) und im Roadbook erfolgt über die Kombination aus Fernglas-Symbol und Nummer (siehe oben).

Wissenswertes über lokale und regionale historische, landschaftliche oder kulturelle Gegebenheiten wird an vielen Stellen in rot eingefärbten Infoboxen vermittelt. Am Ende eines jeden Kapitels folgt ein **Kulinarischer Abzweig.**

Roadbook: Detailkarten und exakte Wegbeschreibung

GPX-Track: die Hauptroute für die digitale Navigation

Extra-Karte: maximale Übersicht und Planungsinstrument

Das **Roadbook** enthält die Detailkarten zur Hauptroute im Maßstab 1:50.000 und die dazugehörige Streckenbeschreibung. Es ist an die aktuellen Bedingungen rund um die schönsten Radwege angepasst. Die mittlerweile gute bis hervorragende Beschilderung der beliebtesten Radwege sowie die häufig offiziell erhältlichen Radwege-Apps und digitalen Wegverläufe erlauben es, das Roadbook auf das Wesentliche zu reduzieren.

Linien: Stellenweise gibt es mehrere Varianten des Radwegs. Unsere Autoren haben die Schönste gewählt und diese als rote Linie dargestellt. Es ist möglich, dass diese Route punktuell von der offiziellen Hauptroute abweicht, um verkehrsreiche Abschnitte zu umfahren oder besondere Highlights an der Strecke aufzunehmen. Ausgewählte Varianten oder lohnenswerte Schlenker werden als grüne oder blaue Linie dargestellt. Maßstabsbedingt können nicht alle Abstecher von der Hauptroute im Roadbook abgebildet werden.

Wegpunkte: Der Bezug zwischen Text und Kartografie erfolgt über die Wegpunkte. Schwarze Kreise mit weißer Zahl beschreiben die Hauptroute, grüne beziehen sich auf Varianten und blaue Wegpunkte erläutern die Lohnenswerten Schlenker.

Kilometrierung: Die Hauptroute ist vom Start bis zum Ziel fortlaufend alle 5 Kilometer mittels weißer Kilometerangabe in rotem Kreis beschildert. Somit ist zu jedem Zeitpunkt die bereits zurückgelegte Strecke problemlos ablesbar und die Anschlusskarte schnell gefunden. Steigungspfeile entlang der Route markieren steilere Abschnitte.

Sehenswürdigkeiten: Die im Reiseführer beschriebenen Sehenswürdigkeiten, also die Highlights und Schlenker, sind im Roadbook mit blauem Symbol und weißer Nummer verortet. Darüber hinaus sind in den Karten viele weitere Sehenswürdigkeiten, Museen, etc. mit braunem Symbol markiert und beschriftet. Die vollständige Legende findet sich auf der hinteren Klappe.

Aktuelles: Hochwasser- oder baustellenbedingte Umleitungen sind in der Regel gut ausgeschildert und werden ebenso wie die aktuellsten Verkehrsinformationen, Hinweise und Sicherheitsmaßnahmen auf den offiziellen Seiten des Radwegs und der Touristinformationen kommuniziert. Hilfreiche Adressen und Kontakte finden sich auf den nächsten Seiten und bei den Reiseinfos im Anhang.

GPX-Track & Tourenplanung

Den GPX-Track zur Hauptroute des Roadbooks gibt es hier zum Download:

www.kompass.de/gpx-daten

Für die Planung einer Radtour und der einzelnen Tagesetappen sollte man sich genügend Zeit nehmen. Mache dich mit deiner Tour vertraut und wähle deine persönlichen Highlights aus. Dort wirst du bestimmt mehr Zeit verbringen wollen. Mit großer Sicherheit wirst du auch unterwegs auf den einen oder anderen Ort treffen, an dem du ungeplant verweilen möchtest.

Ohne große Erfahrung mit mehrtägigen Radtouren sollte man eher kürzere Etappen einplanen. Wenn man sein Konditionslevel nicht kennt, ist es hilfreich vorab einzelne Tagesausflüge mit seinem beladenen Tourenrad zu unternehmen. Dabei sollte man möglichst ohne große Anstrengung fahren, da es auf die Ausdauer und nicht auf die Geschwindigkeit ankommt. So wird schnell klar, bei welcher durchschnittlichen Tages-Kilometer-Leistung die eigene Komfortzone liegt und was die Stärken und Schwächen des Rades und der Sitzposition sind. Des Weiteren gilt es regelmäßig Pausen einzuplanen und evtl. einen Ruhetag an einem lohnenswerten Ziel.

Wie viele Kilometer schafft man? Pauschal kann dies nicht gesagt werden, da zu viele Faktoren eine Rolle spielen wie u.a. die eigene Kondition, das Gepäck, die zu überwindenden Höhenmeter oder auch das Wetter. Starker Gegenwind kann die Durchschnittsgeschwindigkeit halbieren. Mit dem E-Bike kann die Distanz schnell um 20-30% oder sogar 50% und mehr gesteigert werden. Eigene Probefahrten schaffen Gewisseit und helfen die persönliche Durchschnittsgeschwindigkeit und eine realistische reine Fahrzeit exklusive Pausen für sich zu ermitteln. Damit ist die Tages-Kilometer-Leistung schnell berechnet. Die nachfolgende Auflistung zeigt Erfahrungswerte, also Tages-Distanzen in Abhängigkeit vom Konditionslevel für Radtouren in ebenem bis mäßig hügeligem Gelände und dient der groben Orientierung:

<30 km = relativ einfach (Anfänger und Etappen mit Kindern)
30-40 km = gemütlich (häufige Pausen und größere Gruppen)
40-50 km = durchschnittlich (ab 50 km sind sportliche schon gut dabei)
50-80 km = erhöhte Kondition (bereits nach leichtem Training machbar)
80-120 km = gute Kondition (mit viel Gepäck benötigt man für 120 km den ganzen Tag)
> 120 km = sehr gute Kondition

Plan B: Sollte man sich bei der Etappenlänge verplant haben, so stehen häufig regionale Fahrradtaxi-Unternehmen, Fähren, Bus und Bahn zur Verfügung (Kontakt über Touristinformationen und die offizielle Radwegseite). Im Notfall kann immer eine alternative Unterkunft gewählt werden.

Anreise mit dem Zug

Umweltfreundlich, mit Freunden als Gruppe und ohne Stau. Mit genügend Vorlaufzeit und Planung gelingt die An- & Abreise per Zug problemlos. Die Frage, wie man nach der Radtour das am Start abgestellte Auto erreicht, stellt sich erst gar nicht. Informationen bieten die folgenden Adressen.

Zentrale Service-Hotline der DB:

0180 6 99 66 33

(20 Cent/Anruf aus dem Festnetz, Mobilfunk max. 60 Cent/Anruf).

Informationen zur Fahrradmitnahme, -versand und -miete. Sowie Buchung bzw. Reservierung von Tickets und Stellplätzen.

Zentrale Service-Hotline der ÖBB:

+43 (0)5 17 17

(Gebührenpflichtig. Die Höhe der Gebühr richtet sich ausschließlich nach dem jeweiligen Festnetz- oder Mobilfunkvertrag des Anrufers. Die ÖBB verrechnen keine zusätzlichen Kosten.)

Alle Informationen über die Mitnahme vom Fahrrad bei der Deutschen Bahn: https://www.bahn.de/p/view/service/fahrrad/bahn_und_fahrrad.shtml

Tipps der DB um die Bahnreise mit dem Fahrrad zu erleichtern: https://inside.bahn.de/checkliste-fahrradmitnahme-bahn/

Informationen über die Fahrradmitnahme in den Zügen der Österreichische Bundesbahnen: https://www.oebb.at/de/reiseplanung-services/im-zug/fahrradmitnahme

Der ADFC informiert zum Reisen mit Bahn und Rad: https://www.adfc.de/auf-tour/#fahrradtransport/!141

Tipps vom Experten

Diamant Fahrradwerke GmbH

Die Profis von Diamant blicken auf eine über 135-jährige Geschichte zurück. Auf **www.diamantrad.com** gibt es geniale Fahrräder, umfangreiche und detaillierte Anleitungen und informative Blogbeiträge. Für uns haben sie das Wichtigste zusammengeschrieben, damit die Fahrradtour gelingt.

Checkliste vor jeder Fahrt:

- ✓ Lenker und Vorbau kontrollieren
- ✓ Laufräder prüfen (Reifendruck, Befestigung, etc.)
- ✓ Bremsen testen (Bremsbelag, Scheiben, Felgen, etc.)
- ✓ Kettenspannung überprüfen
- ✓ Sattel (Sitz) und Sattelstütze kontrollieren
- ✓ Federung prüfen und Wartungsintervall checken
- ✓ Beleuchtungs- und Reflektorenkontrolle
- ✓ Rahmen und Gabel begutachten
- ✓ Akku beim Elektrorad prüfen
- ✓ Pannenset & Kompatibilität kontrollieren

Die Länge einer Tagesetappe hängt von vielen Faktoren ab. Insbesondere von der eigenen Kondition, der Motivation, den Wetter- und Wegebedingungen und natürlich auch von den Wegbegleitern. Greift man auf ein Elektrorad zurück sind weitere Faktoren zu beachten. Es ist sowohl vor Antritt als auch während einer Fahrt schwierig, die Reichweite der Akkuladung exakt vorherzusagen.

Allgemein gilt jedoch bei gleichem Unterstützungslevel des E-Bike-Antriebs: Je weniger Kraft du einsetzen musst, um eine bestimmte Geschwindigkeit zu erreichen (z. B. durch optimales Benutzen der Schaltung), umso weniger Energie wird der Antrieb verbrauchen und umso größer wird die Reichweite einer Akkuladung sein. Je höher der Unterstüzungslevel bei ansonsten gleichen Bedingungen gewählt wird, umso geringer ist die Reichweite.

Spezielles zum Elektrorad

- Ganz wichtig! Mach dir bewusst, dass andere Verkehrsteilnehmer womöglich nicht damit rechnen, dass ein Elektrorad schneller fahren kann als ein herkömmliches Fahrrad. Außerdem erhöht eine schnellere Geschwindigkeit das Unfallrisiko.
- Überlaste den hinteren Gepäcksträger nicht. Die maximal erlaubte Zuladung des hinteren Gepäcksträgers beträgt 20 – 25 kg.
- Reinige das E-Bike niemals mit einem Hochdruckreiniger. Die elektrischen Komponenten sind feuchtigkeitsempfindlich. Unter Hochdruck auftreffendes Wasser kann in Steckverbindungen und andere Teile des Elektrosystems eindringen.
- Akku vor längerer Nichtbenutzung auf bis etwa 60 % aufladen (normalerweise 3 bis 4 LEDs der Ladezustandsanzeige). Nach 6 Monaten den Ladezustand prüfen. Leuchtet nur noch eine LED der Ladezustandsanzeige, Akku wieder auf bis etwa 60 % aufladen.
- Es ist nicht empfehlenswert, den Akku dauerhaft am Ladegerät angeschlossen zu lassen.
- Wird der Akku längere Zeit in leerem Zustand aufbewahrt, kann er trotz der geringen Selbstentladung beschädigt und die Speicherkapazität stark verringert werden.

Was muss mit? Diese Packliste beant-
wortet die Frage. Individuelle An-
passungen sind erforderlich, da jede
Radreise einzigartig ist. Beutel und
Packsäcke sorgen für Ordnung in den
Packtaschen.

Eingepack

NAVIGATION

Kartenmaterial, Radreiseführer
Handy / (Ladekabel, Akkus)
GPS-Fahrradcomputer (Ladekabel,
Akkus prüfen)

ALLGEMEINES

Ausweise, Papiere, Telefonnummern
Reisedokumente
Bargeld / EC-Karte / Kreditkarte
Stift & Notizbuch
Stirnlampe / Taschenlampe (Ladeka-
bel, Akkus prüfen)
Wasserdichte Schutzhüllen für Handy
und Wertsachen
Powerbank (mobile Stromversorgung)

FAHRRADSPEZIFISCH

Tacho/Fahrradcomputer
Getränkeflasche / SchlauchTrinksystem
Fahrradlicht Vorne & Hinten
Fahrradwerkzeug für Standardrepa-
raturen & Flickzeug
Ersatzschlauch & Reifenheber
Luftpumpe, Lappen
Schloss
E-Bike-Ladegerät nicht vergessen!

NOTIZEN

....

....

....

KLEIDUNG & SCHUTZ

Tages- & Wechselkleidung
Gepolsterte Radunterhose
Leichte Isolationsjacke
Regenjacke und Regenhose
Schlafzeug, Badezeug
Radtourenschuhe
Wechselschuhe oder Sandalen
Sport-, Sonnenbrille (bruchsicher)
Helm (gesetzliche Helmpflicht in Österreich für
Kinder unter 12 Jahren)
Unterhelmstirnband / -mütze
Schlauchtuch / Buff
Fahrradhandschuhe

REISEAPOTHEKE

Erste-Hilfe-Set (ergänzt um pers. Medikamente)
Desinfektionsmittel, Mundschutz, Seife
Pflaster / Stretchverband
Sonnen- & Insektenschutz
Augentropfen
Ohrstöpsel

HYGIENE

Kulturbeutel (gepackt)
Duschgel & Shampoo
Zahnbürste & Zahnpasta
Reisehandtuch
Taschentücher

SONSTIGES

Ersatzbrille
Fotoapparat (Speicherkarte & Akkus prüfen)
Unterhaltung: Buch, Spielkarten, Zeitschrift…
Kopfhörer
Feuerzeug & Taschenmesser (optimal mit Schere)
Spülmittel, Schwamm und Geschirrtuch
Campingausrüstung (falls erforderlich)
Geschirr & Besteck

Schilderwald...
Wegecharakter
Informationen

Die Beschilderung entlang des Radweges (ganz links das offizielle Logo)

Die Wegequalität ist durchgehend gut. Der flussbegleitende Radweg verläuft am Oberlauf mit einigen Steigungen auf Wald- und Wirtschaftswegen. Etwa ab Arnsberg wird die Landschaft flacher und die Route wechselt auf separat geführte Radwege, Nebenstraßen und asphaltierte ehemalige Leinpfade (Treidelpfade). Neben den naturnahen Abschnitten existieren auch verkehrsreiche Abschnitte an Hauptverkehrsstraßen mit Radverkehrsanlagen. Hochwassergefährdete Abschnitte sind mit Umfahrungsmöglichkeiten ausgeschildert.

Der (bis auf den ersten Abschnitt im Oberlauf) weitgehend ebene Radweg ist für Einsteiger und Familien geeignet. An schönen Wochenenden herrscht im Ruhrgebiet häufig dichter Radverkehr.

Informationen:

Arbeitskreis RuhrtalRadweg
c/o RTG Ruhr Tourismus GmbH
Centroallee 261
46047 Oberhausen
Telefon: +49 (0) 1806 181620
E-Mail: info@ruhrtalradweg.de
www.ruhrtalradweg.de

Aktuelle Streckeninformationen:
www.ruhrtalradweg.de/Aktuelles/Aktuelle-Streckeninformationen
www.ruhrtalradweg.de/Strecke/Hochwasserumfahrungen

Der
Ruhrtalradweg

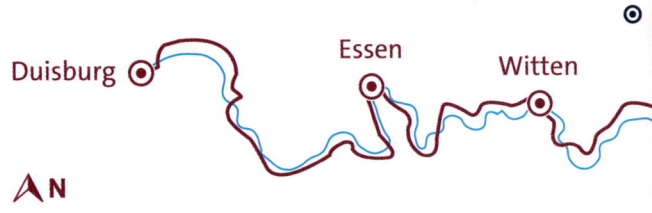

Duisburg

Essen

Witten

N

Düsseldorf

Mönchen-
gladbach

werte

Arnsberg

Olsberg

Winterberg

Teil 1
Reiseführer

Start an der Quelle

23 **km**

N

hm **420** Abstieg
100 Aufstieg

Olsberg

Winterberg

Streckenprofil

654 m
ü. NHN

334 m
ü. NHN

Winterberg	Ruhrquelle	Niedersfeld	Assinghausen	Olsberg

km 0 — 3 — 9 — 16 — 23

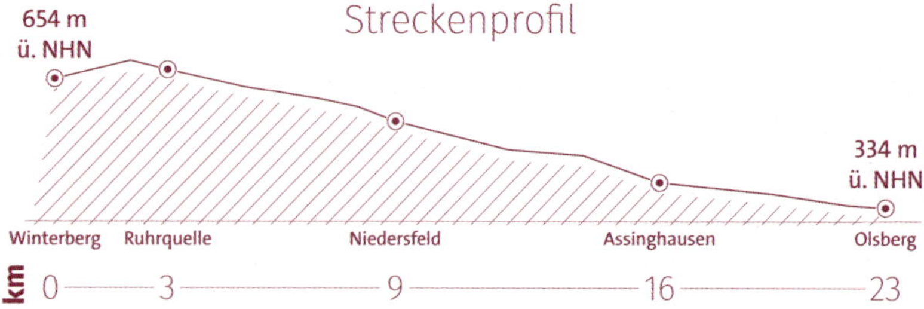

Die Fahrt entlang der Ruhr führt immer bergab, weshalb zu Beginn ein kurzer Anstieg hinauf zu einem der höchsten Berge des **Rothaargebirges** durchaus machbar ist. Der lohnenswerte Schlenker an Tagen mit guter Fernsicht führt hinauf zum **Kahlen Asten** 👀**1**, dem dritthöchsten Gipfel des **Rothaargebirges**.

Winterberg 📷**2** bietet seinen Gästen viel. In der Altstadt finden sich schöne Beispiele sauerländischer Fachwerkarchitektur, in der Umgebung starten einige Routen der **Bike Arena Sauerland** 📷**3**, z. B. die schwere Sieben-Täler-Runde oder die mittelschwere Runde durch das Orketal.

Offizieller Startpunkt des Ruhrtalradwegs ist der Vorplatz des Bahnhofs Winterberg. Dort erblickt man auch gleich erste Hinweisschilder auf den Radweg und die Ruhrquelle. Schon nach wenigen Metern teilt sich der Radweg ein erstes Mal, die **Hauptroute** zweigt nach Westen zur **Ruhrquelle** ab, eine Variante führt geradeaus parallel zur Bundesstraße nach Norden und trifft nach 2,5 km wieder auf den Hauptweg.

Die Hauptroute verlässt die Stadt nach Osten und führt in einem Bogen nach Norden zum 696 m hohen **Ruhrkopf**, an dessen Nordostseite die **Ruhrquelle** liegt – nur wenige Meter vom Radweg entfernt. Entlang des Nordhangs des Ruhrkopfs geht es nach Westen, nach der **Ruhrquellenhütte** (Einkehrmöglichkeit) trifft der Radweg auf die von links einmündende Variante.

Wie stark die Region vom Tourismus geprägt ist, merkt man an den touristischen „Attraktionen" am Radweg: Die

Lohnenswerte Schlenker **1**

Kahler Asten

König der Sauerländer Berge

„König der Sauerländer Berge", „Das Dach Westfalens" – das sind zwei der Namen, die den besonderen Stellenwert des Rothaargipfels hervorheben. Auch der offizielle Name passt: Der zweithöchste Berg Nordrhein-Westfalens ist tatsächlich weitgehend kahl und doch von faszinierender Schönheit, vor allem dann, wenn die Hochheide den Gipfel mit einem lilafarbenen Teppich überzieht. Bizarr gewachsene Krüppelkiefern, gekrümmte Birken und Heide-

Länge des charmanten Umweges: 10,6 km

kraut prägen das Landschaftsbild. Um diesen einzigartigen Landschaftseindruck zu erhalten, wird der Gipfel regelmäßig von Schafherden beweidet, die ein Hochkommen von Bäumen verhindern. Wer zur richtigen Zeit hier ist, kann sich zudem auf köstliche Heidelbeeren freuen!

Auf dem 841 m hohen Gipfel befinden sich zwei Gebäude: Der **Berggasthof Kahler Asten** sowie der **Astenturm**. Von seiner Aussichtsplattform auf 862 m Höhe genießt man einen grandiosen Panoramablick über das Rothaargebirge – er ist der höchste Aussichtspunkt Westfalens. Bei (sehr) guter Fernsicht reicht der Blick bis zum 163 km entfernt liegenden Brocken im Harz, zum Großen Feldberg im Taunus und zur Wasserkuppe in der Rhön. Im Turm zeigt das **LWL-Museum für Naturkunde** die Ausstellung „Kahler Asten – Das Dach Westfalens" – Themen sind u. a. die Hochheide, das Rothaargebirge, der Heidelehrpfad und der Rothaarsteig sowie die Geschichte des Turms. Auch die Wetterwarte des Deutschen Wetterdienstes kann im Rahmen einer Führung besichtigt werden.
www.winterberg.de

Highlights am Wegesrand

Winterberg

Sport und Action vor dem Start

Winterbergs Altstadt liegt südwestlich des Bahnhofs – der ringförmige Verlauf der Gassen spiegelt den mittelalterlichen Grundriss mit Stadtmauer und Stadttürmen wider.

Zur Zeit der Hanse (13. bis 17. Jh.) galt Winterberg als Hansestadt – die Stadt lag im Schnittpunkt der „Heidenstraße" von Köln nach Kassel und der Heerstraße von Frankfurt nach Soest. Für die Winterberger spielte der Handel in dieser Zeit eine entscheidende wirtschaftliche Rolle – die Winterberger waren als Handelsleute bis nach Holland und Dänemark unterwegs. In ihrem Gepäck befanden sich Holz- und Eisenwaren sowie Tuche.

1791 gab es einen verheerenden Stadtbrand, den zum Glück viele Fachwerk-

Stadtplan Winterberg

0   100 m

häuser unversehrt überstanden haben. Das älteste Haus wurde 1759 errichtet, es hat eine große Deelentür und ist reich mit Schnitzereien verziert. Typisch für die Region sind auch die verschieferten Fassaden – der regionale Schiefer war im 19. Jh. ein günstiger Baustoff, der den Sauerlandstädten eine ganz besondere Atmosphäre verleiht. Winterberg ist eine sogenannte Ackerbürgergemeinde – die Bauern, die ihre Felder rund um den Ort bewirtschafteten, wohnten nicht auf Höfen, sondern innerhalb der Stadtmauern. Zu den kulturellen Sehenswürdigkeiten zählt die St.-Jakobus-Kirche aus dem 13. Jh.

Winterberg ist ganzjährig eine beliebte Destination für Outdoorsportler. Zentrum der Aktivitäten ist der **Erlebnisberg Kappe** südwestlich der Stadt: Biker finden hier im **Bikepark Winterberg** insgesamt 12 km Freeride- und Downhill-Parcours. Vielleicht bekommt der eine oder andere Lust, noch vor der großen Fahrt einmal den attraktiven Übungsparcours auszuprobieren und in die Welt der Freerider und Downhiller hineinzuschnuppern. Weitere adrenalinreiche Attraktionen sind die Panorama-Erlebnis-Brücke (mit Blick über die Baumwipfel), die Sommerrodelbahn, der Kletterwald und die 1 km lange Fly-Line, die mit über 70 km/h beim Flug ins Tal für einen unvergesslichen Höhenrausch sorgt. Gegenüber vom Bikepark beginnen am Bremberg die Trails des **Trailparks Winterberg** – das Streckennetz umfasst 40 km.
Infoadressen:
www.winterberg.de; www.bikepark-winterberg.de; www.erlebnisbergkappe.de; www.trailpark-winterberg.de

Wissenswertes im Gepäck 🧳

Naturpark Sauer-land-Rothaargebirge

Wasserreiches Waldgebirge

Das Rothaargebirge war bis 500 n. Chr. überwiegend mit Buchen bestanden, erst ihre intensive Nutzung und Abholzung führte zu einem dramatischen Rückgang der Buche. Heute wachsen auf der Hälfte der Flächen Fichten. Für farbenfrohe Abwechslung im Naturpark sorgen das violett leuchtende Heidekraut und der Wacholder, die auf den Bergheiden der Hochflächen rund um Winterberg, im Naturschutzgebiet Neuer Hagen und in der Heinsberger Hochheide wachsen. An den Hängen des Kahlen Astens, an den Gipfeln des Wittgensteiner Berg- und Waldlands sowie des nördlichen Siegerlands entspringen einige wichtige Flüsse: Ruhr, Sieg und Lahn sind Nebenflüsse des Rheins, die Eder mündet in die Weser. Über das Rothaargebirge verläuft somit die Wasserscheide zwischen Rhein und Weser. Wen es einmal nicht so hoch hinaufzieht, findet unten wunderschöne Täler wie das Orketal bei Winterberg, das Ilsetal bei Bad Laasphe und das Sorpetal bei Schmallenberg.

www.naturpark-sauer-land-rothaargebirge.de

Fahrt bergab durch den Talboden der jungen Ruhr führt an einem Campingplatz, einem Skilift und einer Kartbahn vorbei in den anerkannten Luftkurort **Niedersfeld**, ein Stadtteil von Winterberg. Der Ort an der Mündung der Hille in die Ruhr ist die höchstgelegene Siedlung am gesamten Flusslauf. Beim Bummel durch den Ort entdeckt man das eine oder andere alte Fachwerkhaus. Nicht weit ist es von hier zum **Hillestausee**, der im Sommer zur Abkühlung einlädt. Der idyllisch gelegene kleine Stausee bietet u. a. eine Wasserskianlage, eine Badebucht mit Strand und einen 1,6 km langen Rundweg, der auch Radfahrern offensteht.

Der Radweg bleibt auf der linken Uferseite, am rechten Ufer erhebt sich die **Schleimer Mühle**, die erste von vielen Mühlen entlang der Ruhr. Erstmals urkundlich erwähnt wurde sie Mitte des 16. Jhs., noch heute wird hier Getreide gemahlen, allerdings mit Turbinen statt Wasserkraft.

Auf dem Weg flussabwärts verläuft der Radweg zunächst westlich, später östlich der Ruhr, an **Wiemeringshausen** vorbei. Aus dem 16. Jh. blieb hier der historische Wehrspeicher erhalten. Hoch über dem Tal geht es anschließend aussichtsreich und steil hinunter nach **Assinghausen** 4, einer der zu Olsberg gehörenden Fachwerkorte. Noch vor dem Ortseingang führt der Radweg an einer der Sehenswürdigkeiten des Ortes vorbei, der **Küsterlandkapelle**, die einst von Fuhrmännern errichtet wurde. Der hübsche Ort ist für seine Rosen bekannt – nicht nur in den Gärten, sondern auch in den öffentlichen Bereichen wurden Rosen gepflanzt.

Ein lohnender Abstecher bietet sich zu den **Bruchhauser Steinen** und ins Dorf **Bruchhausen** 👀5 an. Die fotogene Felsformation besteht aus vier Hauptfelsen und liegt auf dem 728 m hohen Istenberg im Rothaargebirge. Vom höchsten Felsen reicht der Blick weit über das waldreiche Sauerland.

Am Ortsende von Assinghausen wechselt der Radweg wieder auf die linke Seite der Ruhr und verläuft zunächst nah am Flüsschen durch den Talgrund. Kurz vor der Einmündung des Flüsschens Neger in die Ruhr macht der Radweg einen Schwenk nach links, kreuzt zunächst die Neger, dann die Bahnlinie verläuft die nächsten Kilometer links neben der Bahn nach **Olsberg** 📷6. Am Ortseingang liegt der gleichnamige Stausee. Da er für die Stromerzeugung angelegt wurde, ist das Schwimmen nicht erlaubt. Die **Olsberg-Touristik** liegt am Ruhrtal-Radweg direkt an einer Ruhrbrücke. Olsberg hat zwei Bahnhöfe: Der Bahnhof Olsberg-Bigge liegt an der Linie Dortmund – Winterberg, der nördlich der Ruhr gelegene Bahnhof Olsberg an der Sauerland-Express-Strecke Richtung Hagen.

Highlights am Wegesrand 📷3

BikeArena Sauerland

Endloses Bikerglück

Zwischen Meschede und Winterberg versteckt sich mit der **Bike Arena** das größte Bergrad-Routennetz in Westdeutschland. Das Netz umfasst 1.700 km an ausgeschilderten und markierten Routen, die durch die hügel- und waldreiche Mittelgebirgslandschaft auf dem „Dach Nordrhein-Westfalens" verlaufen. Es gibt dabei Routen für Anfänger, Familien, Trekking-, Sport- und Rennbiker, für Senioren genauso wie für Profis. Die Routen sind für die jeweiligen Gruppen in leicht, mittelschwer und schwer eingeteilt und entsprechend im Gelände beschildert. Auch entlang des Ruhrtal-Radwegs stößt man im Abschnitt zwischen Winterberg und Meschede auf Wegweiser zu Routen der Bike Arena Sauerland. Das Radwegenetz wurde von der Sporthochschule Köln nach den Bewertungsfeldern Sport, Gesundheit, Sicherheit und Umwelt analysiert und optimiert.
www.bike-arena.de

Assinghausen
Ein Dorf voller Rosen

Assinghausen, ein Ortsteil von Olsberg, liegt in einem landschaftlich ausgesprochen schönen Teil des Hochsauerlandes auf über 400 m, umrahmt von Bergen, die bis zu 843 m Höhe erreichen. Der berühmteste Sohn des Ortes ist der Heimatdichter Friedrich Wilhelm Grimme.

Das Dorf nennt sich auch „Rosendorf", vier ausgewiesene Rosenrouten führen vorbei an Hausgärten, in denen insgesamt 150 verschiedene Rosensorten gezogen werden.

Neben teils jahrhundertalten Fachwerkhäusern prägt der **Zehntspeicher** von 1556 das Ortsbild. Im heute ältesten Gebäude der Stadt lagerten die Bauern früher den „Zehnten", eine Art Steuer in Form von Naturalien, in diesem Fall Korn. Das Gebäude nutzt heute das Heimatmuseum. Eines der schönsten Fachwerkhäuser ist das **Buskers Haus**, das 1688 am Kirchhügel gebaut wurde.

Im **Eiskeller**, einem 15 m langen Stollen im Unterdorf, lagerten die Bewohner vor der Erfindung des Kühlschranks ihr Eis, das hier bis in den Sommer hinein zum Kühlen des im Dorf gebrauten Biers genutzt wurde. Eine weitere

Sehenswürdigkeit ist der **Strüker Stein**, ein 300 Jahre alter Fels-Monolith, der sich massig aus dem Rücken des Ibergs erhebt. Seit Orkan „Kyrill" über das Land fegte, ist er frei sichtbar – man besucht ihn am besten zu Fuß.

Lohnenswerte Schlenker

Entlang des Weges

Länge des charmanten Umweges: 11,2 km

🔭 5 Bruchhauser Steine Wächter über dem Ruhrtal

Die vier Bruchhauser Steine ragen wie versteinerte Wächter aus dem Wald heraus – sie bewachen das kleine Örtchen Bruchhausen, das ebenfalls zu Olsberg gehört. Der Bornstein ist mit 92 m Felshöhe der höchste der vier Felsen, gefolgt vom Ravenstein (72 m), Goldstein (60 m) und dem höchstgelegenen Feldstein (45 m). Im Informationscenter entrichtet man eine kleine Eintrittsgebühr, dort starten auch die Führungen mit den zertifizierten Naturführern. Alle vier Felsen sind durch einen Rundweg verbunden, ergänzend gibt es Themenwege.
www.bruchhauser-steine.de

Bruchhausen und seine Nagelschmieden

Den Ort prägt das malerische **Wasserschloss Bruchhausen**, das im Besitz der Familie Fürstenberg-Gaugreben ist. Zur hübschen, von Wassergräben umschlossenen Schlossanlage gehören ein Herrenhaus mit hübschem Fachwerkgiebel, eine Meierei (Brauerei), eine Rentei in Fachwerkbauweise sowie ein Kutschen- und Landwirtschaftsmuseum. Im Rosengarten verwöhnt das Gutscafé die Besucher. Die Innenräume des Schlosses können nicht besichtigt werden.

Früher gab es im Fachwerkort viele Nagelschmieden (jede mit eigenem Muster) – eine ist noch im Ortskern zu finden und zeigt heute als Museum das traditionelle Handwerkzeug der Nagelschmiede sowie verschiedene Formen von Nägeln, wie etwa den „Toggenburger", der als Randnagel für Bergsteigerstiefel begehrt war. Dokumente und Bilder von alten Bruchhauser Nagelschmieden ergänzen die Ausstellung. Am östlichen Ortsrand lockt der Erlebnisberg Sternrodt mit dem Alpin-Coaster „Sternrodler", eine Allwetter-Rodelbahn.

Highlights am Wegesrand 6

Olsberg
Kneipport mit vielen Schlössern

Insgesamt fünf Schlösser finden sich in den Olsberger Stadtteilen Antfeld, Bigge, Bruchhausen, Brunskappel und Gevelinghausen. Der Stadtteil **Bigge** – er bildet mit Olsberg die Kernstadt der Großgemeinde Olsberg – wird auch „Klein Berlin an der Ruhr" genannt und begeistert mit schönen Stadtansichten: Hier finden sich neben vorbildlich sanierten Fachwerkensembles weitere Sehenswürdigkeiten wie die **Kirche St. Martin** mit einem 800 Jahre alten Kirchturm und **Schloss Schellenstein**. Olsberg tut viel für müde Rad-

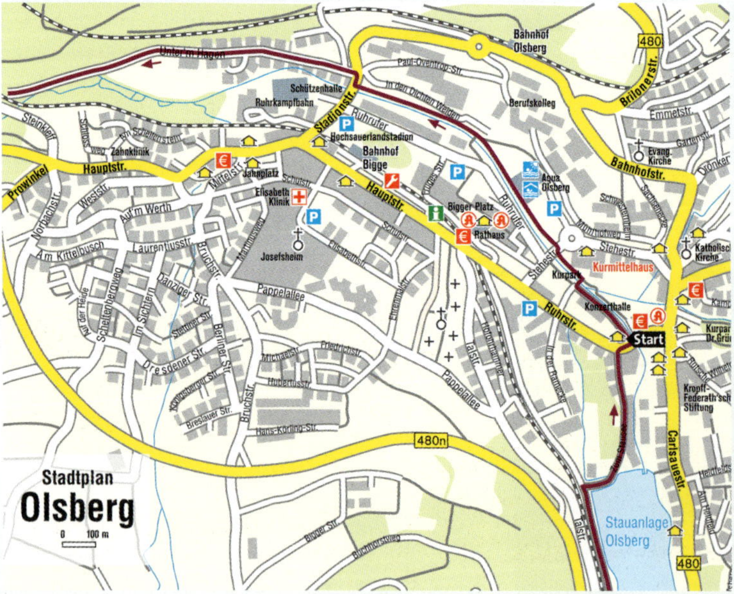

Stadtplan Olsberg

0   100 m

lerknochen: Neben dem **Kneipp ErlebnisPark** lockt die **Sauerlandtherme Aqua Olsberg** mit Solebecken, Kneippanlagen, Saunabereichen und Schwimmbad – ein Genuss am Ende eines schönen Tages auf dem Rad!

Im Nordosten der Stadt erhebt sich der **Eisenberg**, in dem seit Mitte des 14. Jhs. Eisen abgebaut wurde. Der rund 1 km lange **Philippstollen** wurde inzwischen für Besucher wieder begehbar gemacht (Besichtigung ist nur nach Voranmeldung bei der Olsberg-Touristik möglich); weitere Stollen gibt es in Wulmeringhausen und in Helmeringhausen.

Olsberg: www.tourismus-brilon-olsberg.de
Sauerlandtherme: www.aqua-olsberg.de

Essen, Trinken & Durchatmen

Ein kulinarischer Abzweig

Dorf Alm
*Küche: **international und Tiroler Spezialitäten***
*Spezialität: **Steaks***
*Preis: **mittel***
*Übernachtungsmöglichkeit: **nein***

Dorf Alm Winterberg
Am Waltenberg 35
59955 Winterberg
Tel. +49 2981 929592
www.dorf-alm-winterberg.de

Ruhrquellenhütte
*Küche: **frisch – regional***
*Spezialität: **Wildspezialitäten aus heimischen Wäldern***
*Preis: **mittel***
*Übernachtungsmöglichkeit: **nein***

Ruhrquellenhütte Winterberg
Haarfelder Straße 101
59955 Winterberg
Tel. +49 2981 3241
www.ruhrquelle.com

Historischer Bergbau
und Fachwerkidylle

42 **km**

N

Arnsberg

Olsberg

hm **332** Abstieg
190 Aufstieg

Streckenprofil

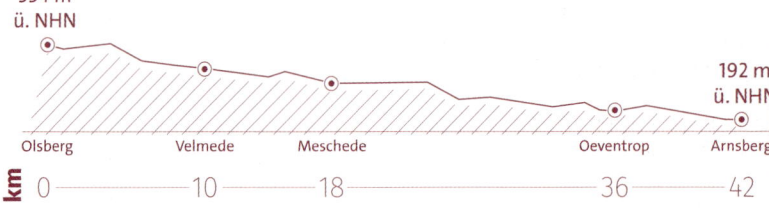

334 m
ü. NHN

192 m
ü. NHN

| Olsberg | Velmede | Meschede | Oeventrop | Arnsberg |

km 0 — 10 — 18 — 36 — 42

Ab **Olsberg** , das in einem breiten Tal liegt, geht es nun deutlich flacher weiter. Auf dem rechten Ruhrufer wird die Sauerlandstadt durchquert; die junge Ruhr ändert hier ihre Fließrichtung, macht einen markanten S-Bogen und verläuft dann weiter nach Westen. In diesem Linksbogen besteht die Möglichkeit, einen Schlenker nach **Antfeld** 7 zu machen, es ist eines der Olsberger Dörfer. Das Dorf am Tor zum Naturpark Arnsberger Wald liegt hoch über dem Ruhrtal auf 360 m.

Im Ruhrtal verläuft der Radweg nun eine Zeitlang parallel zur Bundesstraße und den Gleisen. Nach der imposanten Ruhrtalbrücke erreicht man **Nuttlar**, ein Ortsteil von **Bestwig**. Noch vor dem Ort liegt das **Erlebnisbergwerk Schieferbau Nuttlar** 8. Am Ortsende quert der Radweg die Ruhr und führt weiter durch Bestwig zum Bahnhof. Die Stadt liegt im Mündungsbereich von Valme und Elpe, beides

schöne Flusstäler, die hier in die Ruhr münden. Im staatlich anerkannten Erholungsort **Ostwig** begeistern die für die Region typischen schwarz-weißen Fachwerkhäuser, durchs Dorf fließt die Elpe. Wer Zeit hat, sollte das Rad abstellen und durch das **Elpetal** wandern. Für all jene, die nach dem Besuch des Erlebnisbergwerks Feuer gefangen haben, bietet sich vom Radweg aus der Schlenker zum **Sauerländer Besucherbergwerk Ramsbeck** 9 an – es liegt weiter südlich im Bestwiger Ortsteil Ramsbeck.

Nach dem Bahnhof quert der Radweg die Gleise, wenig später auch die Ruhr, und führt nun etwas entfernt vom Fluss durch den nördlichen Teil von **Velmede**. Südlich von Ruhr und Velmede liegt die **Veleda-Höhle** 10. Auf dem Weg nach Meschede bietet sich nochmals ein Schlenker an – in eines der schönsten Dörfer der Region: **Eversberg** 11.

Highlights am Wegesrand 📷 8

Erlebnisbergwerk Schieferbau Nuttlar
Graues Gold aus tiefen Stollen

Die Grube Ostwig, besser bekannt unter der Bezeichnung Schieferbau Nuttlar, ist ein historisches Schieferbergwerk am Ufer der Ruhr zwischen Ostwig und Nuttlar. Ihre Wurzeln haben beide Dörfer im 11. Jh. Vermutlich nutzten die Menschen schon damals den lokal vorhandenen Schiefer zum Eindecken ihrer Dächer. Das Baumaterial hatte viele Vorteile: Es widerstand den rauen klimatischen Bedingungen im Sauerland hervorragend und war selbst mit primitiven Werkzeugen leicht zu bearbeiten. Aus den vielen kleinen Schiefer-Tagebauen entstand 1857 erst eine Kommanditgesellschaft und zehn Jahre später die „Schieferbau-Actien Gesellschaft Nuttlar". Sie trieb sie die Modernisierung und Rationalisierung vor Ort voran, neuartige Dampfmaschinen erleichterten fortan den Menschen die Arbeit bei der Schiefergewinnung und -verarbeitung. 1878 begann man mit dem Vor-

---

Lohnenswerte Schlenker entlang des Weges

📷 7 Antfeld
mit Schloss Antfeld

Den Mittelpunkt des Olsberger Ortsteils bildet die **Marienkirche**. Prägend für die Entwicklung und das heutige Aussehen von Antfeld ist der Schieferbergbau, der hier seit 1355 belegt ist. Seine Blütezeit hatte er bis Mitte des 20. Jhs. – damals gab es sieben Stollen, die nach dem Einmarsch der Alliierten jedoch alle gesprengt wurden. Ein Dorfbrunnen zeigt die Schieferverarbeitung und erinnert an den historischen Schieferbergbau.

Das prächtigste Gebäude und Wahrzeichen von Antfeld ist das gelb gestrichene barocke **Schloss Antfeld**, das sich in Privatbesitz befindet.

trieb eines ersten Stollens, zu Hochzeiten waren bis zu 200 Arbeiter mit der Gewinnung und der Verarbeitung von Dach- und Plattenschiefer beschäftigt. Nach 107 Jahren wurde der Betrieb schließlich eingestellt. Und 2014 wieder zu neuem Leben erweckt, denn seitdem fungiert das stillgelegte Schieferbergwerk als Besucherbergwerk.

Während der **Führungen** besichtigt man ein Labyrinth aus kilometerlangen Gängen und riesigen Hallen. Mit einer Gesamtausdehnung von rund 20 km ist das Bergwerk Nuttlar ein beeindruckendes Zeugnis der sauerländischen Bergwerkstradition. Aber auch über Tage finden sich Relikte des Bergbaus, darunter der weithin sichtbare Bremsberg.

Unbedingt empfehlenswert sind die zweistündigen Führungen: Ausgerüstet mit Bergwerkshelm und Helmlampe geht es über den Kaiser-Wilhelm-Stollen tief in den Berg hinein – vorbei an unterirdischen Seen und kathedralartigen Hallen. Über viele Treppen und schmale Gänge erreicht man Förderstrecken, auf denen sich die Schienen kilometerweit in den Berg ziehen. Neben den regulären gibt es auch eine vier- und eine siebenstündige Führung („Fototour"). Wie in allen Tagebauten ist es auch im Nuttlarer Bergwerk sehr kühl – hier herrschen ganzjährig um die 8 °C.

Führungen: Tel. + 49 177 6844769 oder: buchung@schieferbau-nuttlar.de www.schieferbau-nuttlar.de

Lohnenswerte Schlenker

Entlang des Weges

🚩9 Besucherbergwerk Ramsbeck
Historischer Erzabbau

Hier steht nicht der Schiefer, sondern der sauerländische Erzbergbau im Mittelpunkt – der Höhepunkt des Bergwerksbesuchs ist jedoch die Einfahrt mit der Grubenbahn 1,5 km tief in den Dörnberg. Zunächst empfiehlt sich jedoch der Besuch des Bergbaumuseums im ehemaligen Verwaltungs- und Kauengebäude – hier bekommt man eine gute Einführung in die Bergbaugeschichte von Ramsbeck. Dazu gehören auch historische Räumlichkeiten wie das ehemalige Direktorenzimmer, die Lohnhalle (in der die Lohntüten verteilt wurden) und die Kaue.

Eindrucksvoll sind auch die **Mineralienausstellung** und eine Halle mit den Großmaschinen. 1.000 Jahre Bergbaugeschichte umfasst der Bogen, der vom mittelalterlichen Schlägel und Eisen bis hin zu den großen Bohrwagen des 20. Jhs. gezogen wird.

Anschließend fahren die Besucher mit Helm und in Schutzkleidung ausgestattet mit der originalen Grubenbahn aus den 1950er Jahren 1,5 km weit in den Berg ein. Kalt ist es unter Tage – ganzjährig nur 12 °C in 300 m Tiefe. Der Bergführer erklärt die mühevollen Arbeitsschritte der Gewinnung von Blei- und Zinkerz – anhand von historischen Maschinen und Werkzeugen vor Ort.

Wieder über Tage findet man weitere Zeugnisse der Bergbauzeit auf dem 11 km langen **Ramsbecker Bergbauwanderweg**. Tel. +49 2905 250 www.sauerlaenderbesucherbergwerk.de

Länge des charmanten Umweges: 12 km

🚩10 Veledahöhle
Winterquartier der Fledermäuse

Die Höhle auf der Nordseite des Ostenbergs zählt zu den tiefsten Nordrhein-Westfalens. Die Höhle besteht aus einer zweigeteilten großen Halle und einem 90 m langen Seitengang. Von den drei Eingängen ist nur der westliche begehbar. Eine obere Halle ist 12 m hoch und 10 m breit. Ein 3 m hoher Durchgang verbindet die obere und untere Halle. Zwar gibt es nur wenige Tropfsteine, dafür jedoch einen kegelförmigen 3,35 m langen Stalaktit mit 2,2 m Durchmesser. Die Höhle kann einmal im Monat sonntags ohne Voranmeldung im Rahmen von Führungen besichtigt werden. Die Höhle zählt zu den bedeutendsten Fledermauswinterquartieren im Hochsauerlandkreis. www.veleda-hoehle.de

Länge des charmanten Umweges: 4,2 km

Länge des charmanten Umweges: 4,5 km

◉11 Eversberg
Fachwerkidylle über dem Ruhrtal

Das mittelalterlich anmutende Dorf nördlich des Radwegs zählt zu den schönsten Fachwerkdörfern des Sauerlandes. Das von der Ruine Burg Eversberg geprägte Dorf liegt auf einer Anhöhe am Südrand des Naturparks Arnsberger Wald.

Zu den markanten Gebäuden im Dorf zählt die **Johanneskirche**, eine gotische Hallenkirche mit Barockhaube auf dem wuchtigen Westturm und barocker Innenausstattung.

Der **Bergfried** der **Ruine Eversberg** ist ein Aussichtsturm, er bietet einen wunderbaren Blick über das Ruhrtal hin zu den Gipfeln des Rothaargebirges sowie nordwärts zu den Hügeln des Arnsberger Waldes.

Lohnenswert ist auch das **Museum** für Bäuerliche Handwerks- und Gewerbegeschichte, Landschafts- und Kulturentwicklung, das über die Region informiert. Eversberg ist heute ein Stadtteil von Meschede, beim Bummel über den 2 km langen Altstadtpfad vorbei an den schmucken Fachwerkhäusern und über bucklige Kopfsteinpflastergassen scheint die Zeit stehengeblieben zu sein.
www.hennesee-sauerland.de/sauerland/urlaubsorte/eversberg/

Meschede
Wasserreich zwischen Hennesee und Ruhr

Die Sauerlandstadt bietet gleich mehrere sehenswerte Kulturdenkmäler – allen voran die **Benediktinerabtei Königsmünster**, das Wasserschloss Laer mit der rund 600 m westlich gelegenen Ruine des Wartturms, das ehemalige Kloster Galiläa nordwestlich von Meschede und die Wallanlage Hünenburg. In der Altstadt lohnen die Pfarr- und Stiftskirche St. Walburga des Stifts Meschede, die Klausenkapelle auf dem gleichnamigen Berg, der Pulverturm, die Alte Synagoge und das alte Kreishaus (heute das Amtsgericht) einen Besuch.

2 km südlich vom Bahnhof liegt der **Hennesee,** ein beliebtes Naherholungsgebiet, das man in 30 Minuten über den parkähnlich angelegten Henne-Boulevard entlang der Henne erreicht. Den schönsten Blick über den Stausee genießt man allerdings erst nach Erklimmen der 333 Stufen der **Himmelstreppe**, die vom Hennepark hinauf zur Dammkrone führt. Am Abend beleuchtet ist sie besonders eindrucksvoll. Der 2 km lange Weg ist ab dem Bahnhof ausgeschildert.
www.hennesee-sauerland.de

Danach sind es nur noch wenige Minuten Fahrt zum Bahnhof von **Meschede.** . Von dort ist auch der Weg zum **Hennesee** ausgeschildert.

Vom Bahnhof in Meschede verläuft der Radweg südlich der Ruhr am **Wasserschloss Laer** vorbei, es ist in Privatbesitz, die Innenräume können daher nicht besichtigt werden. Lohnenswert ist aber ein kurzer Spaziergang durch den Park.

Über **Wennemen** und **Bockum** geht es nun nordwärts nach **Freienohl** – die genannten Dörfer gehören noch zur Stadt Meschede. Die beiden Ortsteile von Freienohl liegen in ausgeprägten Ruhrschleifen – dem sogenannten „Ruhr-S". Rechts begrenzen die bewaldeten Hänge des Arnsberger Waldes das Ruhrtal. Der Radweg folgt dem Fluss ufernah durch die Ruhr-

wiesen. Steil über dem Tal erhebt sich der 422 m hohe Küppel, auf dem bisher drei Aussichtstürme standen. Der Bau eines vierten ist derzeit in Planung (Stand 2020). Nördlich von Freienohl umfließt die Ruhr die Ortschaft Wildshausen und vollzieht mit einer Linksschleife einen erneuten Richtungswechsel nach Westen. In **Wildshausen**, das zu Oeventrop gehört, erreicht man das Stadtgebiet von Arnsberg. Nach dem Ortsgebiet von Glösingen verlässt der Radweg die Ruhr und verläuft zwischen Bahnlinie und Autobahn parallel zur Bahnlinie nach **Arnsberg** . Hier umfließt die Ruhr den 265 m hohen Lüsenberg und anschließend in einer schmalen Schleife die historische Altstadt von Arnsberg, um dann weiter nach Nordwesten zu fließen. Gleich am Beginn der großen Schleife liegt unweit des Radwegs der **Bahnhof von Arnsberg.**

Arnsberg
Von der Ruhr umflossen

Arnsberg zählt mit seinem historischen Stadtkern, der weithin sichtbar auf einem Bergrücken liegt, zu den schönsten Städten des Sauerlandes. Ein Bummel durch die malerischen verwinkelten Gassen mit ihren schmucken Fachwerkhäusern, den stattlichen Adelshöfen, den romantischen Plätzen, dem Alten Markt und der Ruine des kurfürstlichen Lustschlosses gleicht einer Zeitreise in die Vergangenheit.

Wahrzeichen der historischen Fachwerk-Altstadt ist der **Alte Markt** mit dem Glockenturm samt barocker Haube, sehenswert auch die benachbarte gotische **Stadtkapelle St. Georg** (14. Jh.). Das Alte Rathaus am Markt wurde 1710, das Haus „Zur Krim" 1709 errichtet. Durchaus lohnenswert ist eine der thematischen Stadtführungen, die über die 775 Jahre alte Stadtgeschichte mal spannend, mal humorvoll, mal

romantisch und teils sogar gruselig an Originalschauplätzen erzählt.

Im **Sauerland-Museum** im Gebäude des Landsberger Hofs (Alter Markt) steht die abwechslungsreiche Geschichte des kurkölnischen Sauerlandes von den Anfängen bis zur Gegenwart im Mittelpunkt. 1815 fiel Westfalen auf dem Wiener Kongress an das Königreich Preußen, Arnsberg wurde Sitz eines Regierungspräsidenten. Und so begann man schon 1816

mit dem Bau des **preußischen Viertels** im Stil des Klassizismus, unter der Leitung des berühmten Architekten Friedrich Schinkel. So kann man heute rund um den Neumarkt mit der Auferstehungskirche durch **klassizistisch geprägte Straßenzüge** bummeln – welch Gegensatz zur Altstadt am Schlossberg!

Ein schöner Blick über Altstadt und Neustadt bietet sich auch vom Ehmsen-Denkmal (Panorama/Kapi-

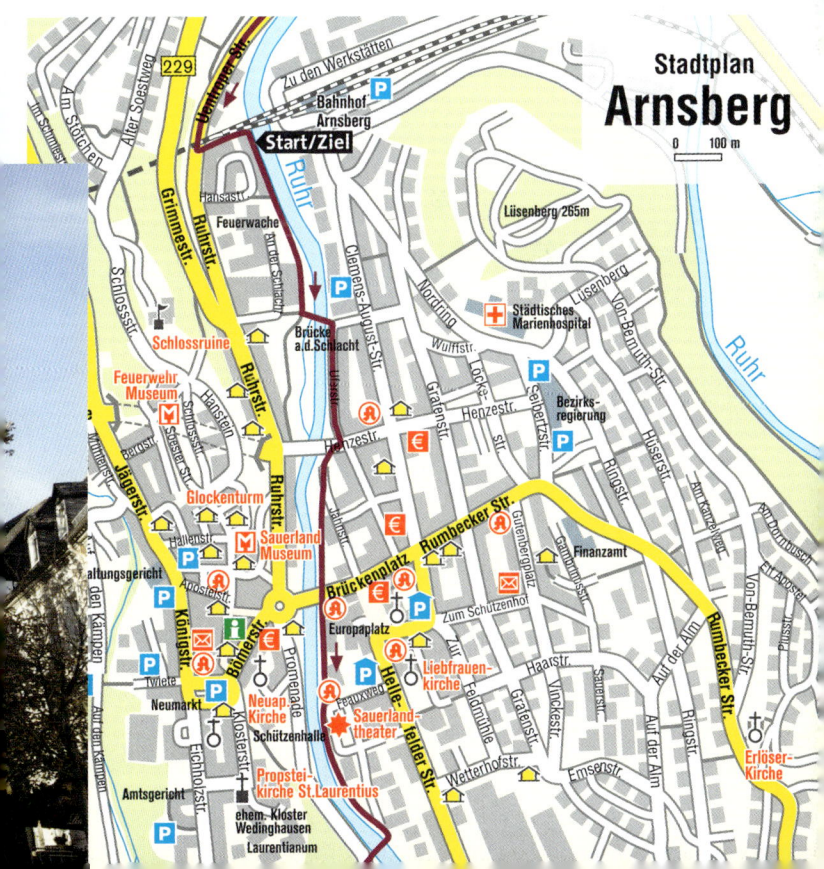

telanfang). Fast schon zum Pflichtprogramm zählt auch der Besuch der begehbaren **Camera Obscura** in einem alten Wehrturm aus dem 13. Jh., dem **Limpsturm** („Lichtturm"). Hier schaut man sozusagen aus dem Inneren eines Fotoapparates auf die Stadt und sieht diese seitenverkehrt und auf dem Kopf stehend. Die Umgebung des Turms wird durch ein kleines Loch ins Innere des Turms gespiegelt. Die Kamera ist eine von noch etwa 40 Kameras weltweit. Im einstigen **Kloster Weding-hausen** sorgt heute das avantgardistische Lichthaus im Klosterhof für eine besondere Spannung zwischen alter und neuer Bausubstanz. Im Stadtgebiet gibt es noch zwei weitere Prämonstratenserklöster: Das Frauenstift Kloster Rumbeck sowie das Kloster Oelinghausen. Dieses zählt zu den bedeutendsten kunsthistorischen und kirchenmusikalischen Kleinodien im Sauerland.

www.arnsberg-info.de
www.hennesee-sauerland.de

Essen, Trinken & Durchatmen

Ein kulinarischer Abzweig

Gasthof Dickel
Küche: **gutbürgerlich**
Spezialität: **Wildspezialitäten**
Preis: **mittel**
Übernachtungsmöglichkeit: **ja**

Gasthof Dickel
Am Hübbelsberg 1
59872 Meschede
Tel. +49 291 6523
http://dickel.de

Hotel-Restaurant Landgast-hof Hoffmann
Küche: **traditionell – kreativ**
Spezialität: **Kalbsragout**
Preis: **gehoben**
Übernachtungsmöglichkeit: **ja**

Landgasthof Hoffmann
Mescheder Straße 80
59823 Arnsberg
Tel. +49 2931 13048
www.landgasthof-hoffmann.de

Fachwerk und Schlösser – das Mittlere Ruhrtal

55 km

N

Schwerte

Arnsberg

hm 207 Abstieg
120 Aufstieg

Streckenprofil

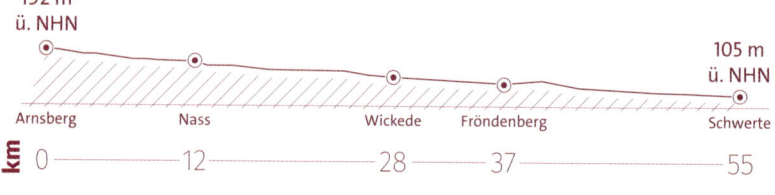

192 m
ü. NHN

105 m
ü. NHN

| Arnsberg | Nass | Wickede | Fröndenberg | Schwerte |

km 0 — 12 — 28 — 37 — 55

Besonders charakteristisch ist die lang gezogene Ruhrschleife, die die Altstadt von **Arnsberg** 🔵13 auf zwei Seiten umschließt. Der Fluss durchfließt das Stadtgebiet auf über 30 km – bei der Fahrt mal rechts, mal links der Ruhr „erfährt" man im wahrsten Sinne des Wortes die Vielseitigkeit der Stadt. Erstaunlich naturnah folgt der Radweg der Ruhr aus der Kernstadt hinaus in die westlichen Stadtteile.

Am Westrand von Bruchhausen liegt das **Freizeitbad Nass** mit öffentlich zugänglicher Saline und Kneipp-Anlagen. Die Arnsberger Thermalsole gibt es nur durch einen Zufall: Als die Stadtwerke Arnsberg nach Erdwärme bohrten, stießen sie in 600 m Tiefe auf eine hochwertige Thermalsole – und wie es der Zufall wollte sogar in unmittelbarer Nähe des Freizeitbades! Heute können Ruhrtal-Radfahrer ihre müden Knochen nach einem erlebnisreichen Tag auf dem Rad wahlweise im

Solebecken oder im Außenbecken mit Thermalsole verwöhnen – die Thermalquelle ist die einzige ihrer Art im Sauerland.

Beim Freizeitbad startet auch der Schlenker zur **Möhnetalsperre** 🚲14. Eine attraktive Runde führt vom Südufer zur imposanten Staumauer und entlang der Möhne flussabwärts zur deren Einmündung in die Ruhr. Hier trifft man auch wieder auf den Hauptweg. 3 km später bietet sich auf Höhe des Autobahnkreuzes Neheim-Süd ein Schlenker zum **Jagdschloss Herdringen** 🚲15 an. Die eindrucksvolle Schlossanlage mit einem weitläufigen Park ist in Privatbesitz und wird in erster Linie für Veranstaltungen genutzt. Fans von Edgar-Wallace-Filmen wird das Schloss möglicherweise bekannt vorkommen – hier wurde 1963 bzw. 1961 die eine oder andere Szene der Filme „Der schwarze Abt" und „Der Fälscher von London" gedreht.

Lohnenswerte Schlenker

Möhnesee

Zum Westfälischen Meer

Die Möhnetalsperre, in der das Wasser von Möhne und Heve aufgestaut wird, dient der Niedrigwasseraufhöhung, dem Hochwasserschutz und der Stromerzeugung aus Wasserkraft.

Hochrechnungen hatten 1904 ergeben, dass der zukünftige Bedarf an Trink- und Brauchwasser für das stetig anwachsende Ruhrgebiet dreimal so hoch sein würde wie die bestehenden Talsperren im Flusssystem der Ruhr damals liefern konnten. Daraufhin wurde zwischen 1908 und 1912 die Staumauer errichtet, die das Wasser der Möhne im Möhnetal aufstaute. Wie so oft bei solchen Projekten muss-

Länge des Umweges: 21 km

ten auch hier Dörfer umgesiedelt werden: Kettlersteich wurde komplett geflutet, Alt-Delecke zum größten Teil, insgesamt mussten 140 Höfe und 700 Personen umgesiedelt werden.

Möhnekatastrophe

Doch die Flutung des Möhnetals hatte 30 Jahre später verheerende Folgen – weit über die Grenzen des Tals hinaus. Durch britische Bombenangriffe wurde die Möhnetalsperre in der Nacht auf den 17. Mai 1943 zerstört. Ziel des Angriffs war eine Schädigung der deutschen Rüstungsindustrie.

Der Name des Sees steht daher heute für einen der verheerendsten Angriffe gegen die deutsche Zivilbevölkerung im Zweiten Weltkrieg. In der 30 m hohen Flutwelle, die sich noch im Ruhrtal in Essen 100 km (!) von der Staumauer entfernt bemerkbar machte, starben 1200 bis 1600 Menschen (die Zahlen weichen stark voneinander ab).

In Neheim an der Mündung der Möhne wurden ganze Häuser und Fabriken weggerissen, die Menschen flüchteten panisch auf die umliegenden Hügel. Wegen der vielen angeschwemmten Leichen erhielt der Berg an der Mündung den Namen „Totenberg". 181 Neheimer Bürger und 724 Zivil- und Kriegsgefangene aus dem Zwangsarbeiterlager Möhnewiesen fanden auf dem Möhnefriedhof ihre letzte Ruhe. Vor dem Neheimer Dom in der Fußgängerzone in der Nähe des Glockenspiels erinnert ein Denkmal an die Toten jener Nacht und mahnt zu Frieden und Völkerverständigung.

Die verheerenden Schäden wurden unmittelbar danach in nur wenigen Monaten wieder hergerichtet.

Direkt am Fluss verläuft der Radweg im Arnsberger Stadtteil **Neheim**. Von Nordosten mündet hier die Möhne in die Ruhr, auch die Runde zum Möhnestausee, die am Freizeitbad beginnt, endet hier. Wer nicht die komplette Runde drehen will, kann auch von der Möhnemündung aus flussaufwärts zur **Möhnetalsperre** ⑥⑭ fahren.

Zu den Landmarken des Arnsberger Stadtteils **Neheim** zählt die **Pfarrkirche St. Johannes Baptist**, eine dreischiffige Basilika in neuromanischem Stil, die auch der „Sauerländer Dom" genannt wird. In der Nähe des Glockenspiels erinnert eine Gedenktafel an die Möhnekatastrophe vom 17. Mai

1943. Wiederaufgebaut wurde auch die in der Pogromnacht abgebrannte Synagoge. Ein Burgmannshaus aus dem Mittelalter ist **Burg Fresekenhof**, das heutige Gebäude wurde 1680 errichtet. Ebenfalls Teile der Stadtbefestigung waren das **Burghaus Gransau** und der **Drostenhof**. Besonders schön sind die Burgstraße, der Gransauplatz und die Mendener Straße.

Die Hauptstrecke führt nun parallel zur Bundesstraße am rechten Ufer entlang zum **Haus Füchten**, ein Herrenhaus aus dem 18. Jh. Es ist in Privatbesitz und öffnet nur im Rahmen von Veranstaltungen seine Türen. Der Radweg quert die Ruhr und verläuft nun

im Ruhrbogen nach Wickede-Echthausen, wo er am **Wasserschloss Haus Echthausen** vorbeiführt, das leider ebenfalls in Privatbesitz ist. Nach der Überquerung der Ruhr bietet sich nach rechts der Besuch des großen Freibads Wickede an der Ruhr an – die Freizeitanlage grenzt unmittelbar an den Fluss.

In Nehheim bietet sich eine ruhigere Variante auf der linken Uferseite an, die entlang der Bahnlinie über Bergheim nach Echthausen führt. Dabei lohnt sich der Schlenker zum **Wasserschloss Höllinghofen** 🚲16. Nach dem Besuch kann man die Ruhrschleife um Echthausen auslassen und direkt nach **Wickede (Ruhr)** weiterfahren.

Nach Verlassen der Stadt erreicht man beim Stauwehr die Stadtgrenze von Wickede und befindet sich nun im Ruhrgebiet. Am Ortseingang von Warmen ist die (kurze) Zufahrt zur **Hofkäserei Wellie** links des Radwegs ausgeschildert – sie bietet nicht nur köstliche Käsespezialitäten, sondern auch Führungen an.

Auf Höhe von **Neimen** tangiert der Radweg bei der Umfahrung des Industriegebiets Westick das **Naturschutzgebiet Kiebitzwiese** – links der Straße lohnt sich der kurze Abstecher zur Aussichtsplattform Kiebitzwiese auf einem kleinen Hügel. Die Weide-, Brach- und Vernässungsflächen in der **Fröndenberger Ruhraue** ziehen mit ihren offenen Wasserflächen Wasser- und Watvögel geradezu magisch an, zur Brutzeit sind insbesondere die Kiebitze zahlreich vertreten – daher auch der Name. Auch Grau-, Kanada- und Nilgänse lassen sich hier im Herbst und Winter beobachten. Auf den erst vor wenigen Jahren renaturierten Auewiesen weiden heute Heckrinder.

Fröndenberg liegt gegenüber der Mündung der Hönne am Übergang des Sauerlandes zum Haarstrang und zu den Hellwegbörden. Vom 19. bis Ende des 20. Jhs. wurden hier in der Fabrik UNION Ketten- und Fahrradteile produziert – Reste der Anlage sind heute Teil des **Landschaftsparks Ruhrufer** 📷17. Am Hang über dem Talboden bilden die evangelische Stiftskirche Fröndenberg (15. Jh.), die Grabeskirche der Grafschaft Mark und

Lohnens-werte Schlenker

Länge des charmanten Umweges: 6 km

Entlang des Weges

🚲15 Jagdschloss Herdringen
Wo die Fürstenbergs zu Hause sind

Auch wenn man das Schloss nicht besichtigen kann, ist doch seine schiere Größe schon beeindruckend. Das im neogotischen Stil errichtete Herrenhaus aus dem 19. Jh. ist bis heute im Besitz der Familie von Fürstenberg, die die Gesamtanlage seit 1618 besitzt. Zu dieser gehören noch eine barocke Vorburg, ein barockes Lusthaus und ein weitläufiger Schlosspark. 1376 wird die Kettelburg urkundlich erwähnt, sie ist im Nordosten der Anlage noch als Bodendenkmal erhalten.

In den 1840er Jahren wurde der imposante neogotische Neubau errichtet. Das Herrenhaus umschließt als Vierflügelbau im englischen Tudorstil einen Innenhof, der inzwischen mit Glas überdacht ist. Zinne, Balkone und Schmuckerker schmücken die Fassade des Schlosses. Die Parkanlage von Schloss Herdringen wurde nach Entwürfen des königlichen Gartenbaudirektors Maximilian Friedrich Weyhe ab 1842 zu einem Landschaftsgarten gestaltet und zählte damals zu den größten Parkanlagen Westfalens. www.schloss-herdringen.de

🚲16 Wasserschloss Höllinghofen
Winterquartier der Fledermäuse

Ein lohnendes Ziel für Romantiker: Das verträumt gelegene Schloss im Arnsberger Ortsteil Voßwinkel wurde urkundlich bereits 1036 erwähnt und zählt zu den romantischsten Schlössern im Sauerland. Nach einem Brand 1765 wurde das heute mit Efeu bewachsene Wasserschloss mit zwei Seitenflügeln neu aufgebaut. Weitere denkmalgeschützte Gebäude im Schlossareal sind die Grabkapelle St. Benediktus und die Rentei, ein Fachwerkhaus im klassi-

zistischen Stil von 1833. Der große Schlosspark mit unzähligen Rhododendronbüschen wurde im englischen Stil gestaltet. Auch hier wurden Edgar-Wallace-Filme gedreht.

Länge des charmanten Umweges: 5,7 km

👓 18 Unna und Haus Opherdicke
Rittergut und Fachwerkromantik

Haus Opherdicke ist aus einem ehemaligen Rittergut hervorgegangen. Durch seine Lage auf dem Kamm des **Ardeygebirges** genießt man einen schönen Blick nach Süden ins Tal der Ruhr. Das Wasserschloss wird heute für Kulturveranstaltungen genutzt.

Die am Schnittpunkt von Ruhrgebiet und Sauerland gelegene Fachwerkstadt **Unna** bietet sich geradezu für einen Bummel durch die Gassen der Altstadt an: Hier finden sich zahlreiche

zwei- bis dreigeschossige Fachwerkhäuser aus dem 16. bis 19. Jh. – vor allem um den Markt. Von der Stadtbefestigung sind größere Abschnitte auf der Ostseite der Altstadt erhalten, am Südwall steht noch der Eulenturm, ein ehemaliger Wehrturm. In der **Burg Unna** befindet sich das Hellweg-Museum – Unna lag am Westfälischen Hellweg, einem über 5.000 Jahre alten Verkehrsweg zwischen Duisburg und Corvey. Das Alte Rathaus ist ein klassizistischer Putzbau von 1833.

Ein besonderes, da unterirdisches Museum ist das **Zentrum für Internationale Lichtkunst Unna** in den Gewölben der einstigen Lindenbrauerei. Hier werden immer wieder ungewöhnliche Lichtinstallationen gezeigt. Die Tourist-Information hält eine Broschüre mit einem Vorschlag für einen historischen Stadtrundgang bereit.
www.lichtkunst-unna.de

Umweg nach Unna: 22 km

Landschaftspark Ruhrufer

Von der Ruhr umflossen

Im Landschaftspark, der sich vom Rand der Fröndenberger Innenstadt zum Ruhrufer zieht, stehen einige Industrierelikte, die an die industrielle Vergangenheit der Stadt erinnern sowie das überregional bekannte Kettenschmiedemuseum.

Der Ruhrpark befindet sich am einstigen Standort der Papierfabrik Himmelmann, an das unübersehbar der 14 m hohe **„Fröndenberger Trichter"** erinnert. 1952 erbaut diente er dazu, die in den Produktionsabwässern angefallenen Faser-, Leim- und sonstige Füllstoffe herauszufiltrieren. Ebenfalls lohnenswert ist der Besuch **„Ruhrbalkons"**: Der schiffsförmige Steg ragt am Stauwehr einige Meter in den Fluss und bietet schöne Ausblicke auf die Ruhr.

Das kleine **Kettenschmiedemuseum Fröndenberg** im einstigen Magazingebäude der Papierfabrik erläutert die Herstellung, Bearbeitung und Prüfung von Ketten. Eindrucksvoll ist die große Sammlung an Exponaten, darunter Maschinen, Werkzeuge und unzähligen Ketten in unterschiedlichster Größe und Art. Am jeweils ersten Sonntag im Monat wird zwischen April und Oktober ein Schmiedefeuer angeheizt und Eisen geschmiedet.
www.ruhrgebiet-industriekultur.de/himmelmannpark.html

die neugotische katholische Marienkirche die Silhouette der Altstadt.

Hinter dem Landschaftspark wechselt der Radweg ans linke Ruhrufer und führt nun in einem weiten Bogen südlich um die imposante Wasseraufbereitungsanlage von Warmen herum nach **Langschede**. Ab Langschede verläuft der Radweg bis Schwerte landschaftlich schön und zumeist abseits der Straßen durch die Ruhrauen.

Wer Zeit hat, kann an der **Kreuzung Holzwickede**, an der der Radweg nach links Richtung Ruhr abbiegt, nach Norden einen Schlenker in die **Fachwerkstadt Unna** ♻18 machen, auf dem Weg dorthin liegt auch das **Haus Opherdicke**. Beide Ziele lassen

sich aber nur durch einen Anstieg hinauf auf den Haarstrang erreichen.

Der Radweg verläuft nun nach Süden wieder auf die Ruhr zu. Noch vor der Ruhrbrücke führt eine Stichstraße nach Westen zum **Stausee Hengsen**, dem ersten der insgesamt sechs Ruhrstauseen flussabwärts. Er ist 1 km lang und hat eine maximale Breite von 250 m. Anders als bei den fünf folgenden Stauseen fließt die Ruhr hier nicht durch den See, sondern neben dem See; über ein Wehr wird der Fluss angestaut. Stausee und Fluss sind über einen Bypass verbunden. Die Fläche zwischen See und Fluss bildet eine Insel, die auch als „Insel Hengsen" bezeichnet wird. Zunächst 1938 zur Wassergewinnung angelegt, hat heute die Trinkwassergewinnung oberste Priorität, es gibt daher fast

keine touristische Infrastruktur, nur einen kurzen begehbaren Uferstreifen am Ostufer. Von ihm schaut man auf die winzige Kormoraninsel.

Bei der Ruhrbrücke „Schoofs Brücke" steht das **Kunstwerk „Sieben Zeichen an der Ruhr"**. Dahinter verbergen sich sieben in der Sonne glitzernde Stahlskulpturen. Nach der Brücke biegt der Radweg erneut nach Westen ab und verläuft durch die Ruhrauen zunächst südlich, dann nördlich der Ruhr Richtung Schwerte.

Die einstige Hansestadt **Schwert**e passiert der Radweg südlich des Stadtrands, ein kurzer Abstecher in die Altstadt lohnt sich aber auf jeden Fall. Wahrzeichen der Stadt ist der schiefe Turm der **St.-Viktor-Kirche**, eine gotische Hallenkirche am Marktplatz in der Altstadt. Wer zufällig am Mittwoch oder Samstag in Schwerte ist, kann nicht nur den farbenfrohen Wochenmarkt besuchen, sondern auch der Marktmusik in der Kirche lauschen. Über das Ruhrtal informiert das **Ruhrtalmuseum (Bild)** im Alten Rathaus. Und wie in so vielen sauerländischen Ortschaften finden sich auch hier schöne alte Fachwerkgebäude, z. B. in der Kötterbachstraße und der Marktstraße.

Liebhaber eines guten Senfes sollten die **Schwerter Senfmühle** in der Ruhrstraße 16 besuchen. Seit Mitte des 19. Jhs. besteht die Produktionsstätte in Schwerte.

Ardeygebirge

Steilhänge über der Ruhr

🧳 *Wissenswertes* im Gepäck

Das Mittelgebirge zählt für viele zu den schönsten Wandergebieten an der Ruhr. Während der Ruhrhöhenweg über die Höhen des bewaldeten Bergzugs verläuft, folgt der Ruhrtal-Radweg seinem Fuß am Ufer des Hengsteysees und des Harkortsees.

Entlang der Ruhr hat das Ardeygebirge einen ausgesprochen gebirgigen Charakter – es gibt große Höhenunterschiede, felsige, teils fast senkrechte Steilhänge und tief eingeschnittene Kerbtäler (sogenannte Siepen). Aus diesem Grund wurde auch das Pumpspeicherkraftwerk Koepchenwerk an den Steilhängen oberhalb des Hengsteysees errichtet – hier kann das Wasser 165 m zwischen Oberbecken und Hengsteysee fallen.

Oberhalb von Herdecke befindet sich mit dem lang gezogenen Sandsteinrücken „Auf dem Heil" (273 m) die höchste Erhebung des Ruhrgebiets. Von den Aussichtspunkten genießt man weite Blicke über die Höhen des Sauerlandes und des Bergischen Landes. Im bzw. am Ardeygebirge liegen Schwerte, Dortmund, Herdecke, Wetter und Witten.

Essen, Trinken & Durchatmen

Ein kulinarischer Abzweig

Buntes Sofa Dorfcafé
*Küche: **ehrenamtlich betriebenes Café***
*Spezialität: **selbstgemachte Kuchen***
*Preis: **günstig***
*Übernachtungsmöglichkeit: **nein***

Buntes Sofa Das Café
Ardeyer Straße 66
58730 Fröndenberg-Ardey
Tel. +49 2378 8520098
www.buntes-sofa.de

Ausflugsgaststätte Amsel am Ruhrtalradweg
*Küche: **kleine Speisen***
*Spezialität: **selbstgemachte Kuchen***
*Preis: **günstig***
*Übernachtungsmöglichkeit: **nein***

Gaststätte Amsel
Im Reiche des Wassers 11
58239 Schwerte
Tel. +49 176 45813748
www.amsel-gastro.de

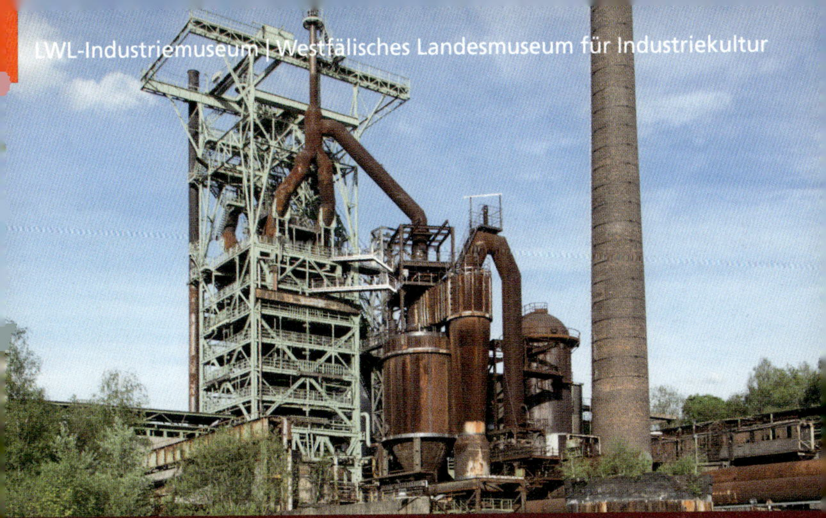

Industriekultur am RuhrtalRadweg erleben

Hattingen und Witten

Henrichshütte Hattingen
Hochofen, Schaugießerei und Restaurant

Zeche Nachtigall
Besucherbergwerk, Dampfmaschine und Café

www.lwl-industriemuseum.de

Für die Menschen.
Für Westfalen-Lippe.

Entlang der
Stauseen

27 **km**

Witten
Schwerte

N

hm **130** Abstieg
110 Aufstieg

Streckenprofil

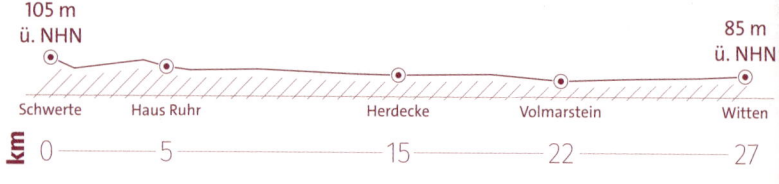

105 m
ü. NHN

85 m
ü. NHN

| Schwerte | Haus Ruhr | Herdecke | Volmarstein | Witten |

km 0 — 5 — 15 — 22 — 27

Entlang der Ruhr geht es aus Schwerte hinaus in den Vorort Wandhofen und unter der Autobahnbahnbrücke hindurch. Der offizielle Radweg verläuft entlang der Bahn und vorbei an Burg Husen zum Hengsteysee, ein lohnenswerter Schlenker mit ein paar Höhenmetern führt hinauf nach **Syburg** 🚲**19** und zur gleichnamigen Burg.

Von der mittelalterlichen **Burg Husen** an der Ruhr ist nur der Wohnturm erhalten, er steht heute oberhalb der Gleise. Die Ursprünge der Anlage lassen sich bis ins 13. Jh. zurückverfolgen. An der Einmündung der Lenne in die Ruhr verlässt der Radweg die Bahntrasse und folgt der Ruhr zum Hengsteysee. Dieser ist der zweite der sechs Stauseen der Ruhr und beginnt etwa 1 km hinter der Lenne-Mündung.

Am Parkplatz muss man sich entscheiden, ob man die Variante entlang des Nordufers über das **Seeschlösschen Niedernhof** 🚲**20** nimmt (dafür rechts abbiegen) oder geradeaus die Brücke über die Ruhr ans Südufer wählt. Beide Routen treffen nach Überquerung der Ruhr am Westende des Stausees wieder zusammen.

Für die knapp 3 km lange Fahrt entlang des südlichen Seeufers spricht der tolle Blick auf das nördliche Steilufer mit den dicken Fallrohren des Speicherkraftwerks Koepchenwerk. Am **Westende des Stausees** angelangt erreicht man nach der Überquerung der Brücke (parallel zum Laufwasserkraftwerk Hengstey) über die Ruhr das Stadtgebiet von **Herdecke** 🅿**21**. Von der Stadt bekommt man bei der Fahrt durch die Ruhrauen allerdings gar nicht so viel mit. Zu den Wahrzeichen der Stadt zählt das **Bachviertel** mit malerischen Fachwerkhäusern rund um den Herdecker Bach. Für den Besuch zweigt man nach der Straßenbrücke beim Fähranleger rechts ab und

Hengsteysee
Reinigung von Ruhr und Lenne

Dort wo sich Ruhr (links) und Lenne (rechts) vereinen beginnt der 4 km lange, älteste Ruhr-Stausee mit seinem markanten Linksbogen und der schmalen Landzunge an seinem Ostende. Der See schmiegt sich an die steil aufragenden Ruhrhänge nördlich des Flusses. Mit dem Bau verfolgte man vor allem ein Ziel: Die Reinigung des Flusswassers von Ruhr und Lenne – das Wasser wird bis heute flussabwärts als Trinkwasser benötigt. Durch den Stausee fließt die Ruhr nur noch sehr langsam, sodass eine biologische Selbstreinigung durch Sedimentationsprozesse stattfindet. Alle paar Jahre muss der Stausee allerdings abgelassen und ausgebaggert werden. Auf der Nordseite ist das Pumpspeicherwerk der RWE mit seinen dicken Rohren unübersehbar. Wird Wasser zur Energiegewinnung aus dem oben gelegenen Speichersee abgelassen, wirkt sich das mit einer kleinen Tide im Stausee aus. Heute ist der Stausee ein beliebtes Naherholungsgebiet – unmittelbar nördlich des Stausees beginnt das Stadtgebiet von Dortmund. Wer den See komplett umrunden will, legt knapp 9 km zurück.

Eisenbahnbrücke am
Hengsteysee

Lohnenswerte Schlenker

Entlang des Weges

⊕19 Syburg
Höhenburg über Ruhr und Lenne

Der kleine Ort im Stadtgebiet von Dortmund liegt auf dem wandartig abfallenden Sporn des Ardeygebirges oberhalb der Ruhr und des Hengsteystausees. Er ist ein beliebtes Ausflugsziel und bietet gleich mehrere Sehenswürdigkeiten: Keizelle des Ortes ist die Hohensyburg (12. Jahrhundert), eine Höhenburg auf dem 245 m hohen Syberg oberhalb der Mündung der Lenne in die Ruhr. Nicht nur von der Ruine, sondern auch vom Aussichtsturm Vincketurm und dem Kaiser-Wilhelm-Denkmal hat man einen weiten Blick auf den Stausee, das Sauerland und das Bergisch-Märkische Hügelland, flussabwärts ist der Kegel des Kaisbergs erkennbar. Auf ihm soll Karl der Große vor dem Sturm auf die Syburg gelagert haben. Der Syberg liegt im Naturschutzgebiet Ruhrsteilhänge Hohensyburg.

Besucherbergwerk Graf Wittekind und Syburger Bergbauweg
Historisch interessant ist der Bergbauweg, der am Nordwesthang des Sybergs entlangführt. Ehrenamtliche bieten hier samstags im Besucherbergwerk Graf Wittekind spannende Führungen (telefonische Voranmeldung) an. 400 Jahre lang wurde hier u. a. Steinkohle geschürft.
www.bergbauhistorie.ruhr/bergbau-erleben/graf-wittekind

Länge des charmanten Umweges: 5,6 km

⊚⊚20 Seeschlöß-chen Niederndorf

am Nordufer des Hengsteysees

Der neugotische Niedernhof – auch Villa Funcke, Funckenburg und Seeschlößchen genannt – ist eine Unternehmervilla am nördlichen Ufer des Hengsteysees. Der Hagener Schraubenunternehmer Wilhelm Funcke III. ließ das Schlößchen 1895 im Hang des Klusenbergs über der Ruhr errichten – zu der Zeit konnte die Ruhr allerdings nur mit Booten gequert werden. Um auf kürzestem Weg zu seiner Fabrik in Hagen zu gelangen, ließ er daher eine private eiserne Fußgänger-Hängebrücke über die Ruhr bauen, die zwischen zwei Türmen in mittelalterlicher Bauform den Fluss überspannte. Auf der anderen Flussseite befanden sich neben dem Brückentürmchen Ställe und eine Remise für die Kutschen. Durch das Aufstauen der Ruhr um 4,5 m musste man die Brücke abbauen, der südliche Brückenturm blieb erhalten, er steht nun auf einer Insel im Stausee. Im Niedernhof kann man einkehren. Beim Laufwasserkraftwerk trifft man wieder auf den Hauptweg.

Ausflug zum See-schlösschen: 3,4 km

---

erreicht in 6 Gehminuten die Bachstraße; der Bahnhof befindet sich oberhalb der Altstadt. Eine technische Meisterleistung ist das imposante, aus Ruhrsandstein erbaute **Ruhrviadukt**, dessen höchste Bögen in 30 m Höhe die Ruhr überspannen. Unmittelbar hinter dem Viadukt beginnt der ebenfalls eine Ruhrschleife abbildende **Harkortsee**.

Die **Hauptroute nach Wetter** folgt dem Nordufer des Harkortsees, vorbei am Cuno-Kraftwerk mit dem langen Schornstein. Hier liegt eine erste Station des **Energiewirtschaftlichen Wanderweges** – der 4 km lange Themenweg liegt fast vollständig am Radweg. Eine Variante zur Nordumfahrung führt über die Landzunge am Südufer des Sees zum **Wasserschloss Werdingen** ⊚⊚22.

Am Hang des Harkortbergs rücken die Wände so nah an den See, dass der Weg über eine Stützmauer mit Geländer geführt wird. Vom Westufer des Sees bietet sich kurz vor dem Kanu-Club eine Variante hinauf zur **Burg Wetter** ⊚⊚23 in der historischen Altstadt an, kombiniert mit der Fahrt zum **Harkortturm** ⊚⊚23, dem bekannten Aussichtsturm in Wetter.

Der Kern der Stadt **Wetter** ⊚24 – Alt-Wetter – wird auf drei Seiten von der Ruhr umflossen. Auf Höhe der Ruhrbrücke geht es rechts hinauf in den mittelalterlichen Stadtkern mit **Burg** und der **„Freiheit Wetter"**.

Im Südosten von Wetter wechselt der Radweg erneut die Seite – hier bietet sich der kurze Schlenker zur **Burg Volmarstein** ⊚⊚25 an. Entlang des Südufers geht es durch Oberwengern und Wengern; zwischen beiden Ortsteilen wurde eine Gaskugel als **Weltkugel** bemalt – ein beliebtes Fotomotiv am Radweg.

Vincketurm

Herdecke

Stadt zwischen den Ruhrseen

Die in einer Ruhrschleife zwischen zwei Stauseen gelegene Stadt ist geprägt durch die Grenzlage zum ländlichen Sauerland und dem industriell geprägten Ruhrgebiet. Zu den auffälligsten Sehenswürdigkeiten der Stadt zählt das **Herdecker Viadukt** – die 313 m lange Sandsteinkonstruktion spannt sich elegant in 30 m Höhe über den Harkortsee zwischen Herdecke und Hagen.

Romantiker zieht es in die malerischen Gassen der Altstadt – im **Bachviertel** finden sich schöne Fachwerkensembles (z. B. in der Kamp- und der Hauptstraße), außerdem die für das Sauerland so typischen Schiefer- und prächtigen Sandsteinfassaden. Das älteste Fachwerkhaus steht in der Hauptstraße 1, das einst als Kornspeicher für den Herdecker Kornmarkt diente, der gegen Ende des Dreißigjährigen Krieges dorthin verlegt wurde.

Die Stadt hat ein **Leitsystem** mit Edelstahlnägeln geschaffen, das vom Ruhrufer in die Altstadt und weiter durch das Bachviertel leitet und um den 1.000 Jahre alten Stiftshügel herumführt. Nummerierte Hinweistafeln an historischen Gebäuden erleichtern die Orientierung und informieren über historische Ereignisse.

Ebenfalls besuchenswert sind die **Adelssitze**, darunter Haus Ende und Gut Schede im Norden des Stadtgebietes sowie Haus Mallinckrodt im Nordwesten der Stadt.

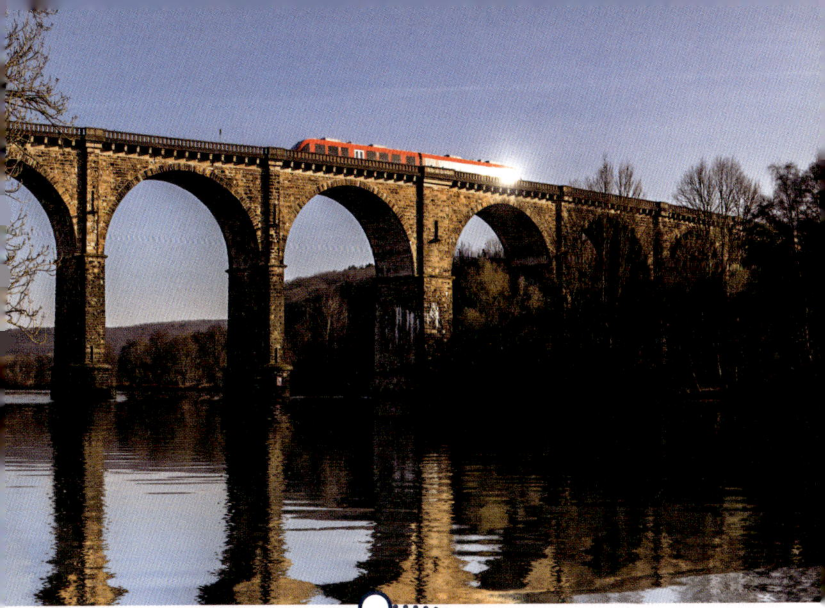

Wissenswertes im Gepäck

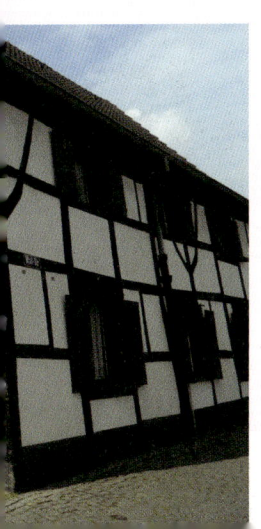

Ruhrviadukt

Technische Meisterleistung

Das Herdecker Wahrzeichen überspannt mit seinen 12 halbkreisförmigen Bögen von je 20 m Spannweite im Westen des Harkortsees das Ruhrtal auf einer Länge von 313 m. 1879 galt die Tuffquaderbrücke als technische Meisterleistung – aus rund 30 m Höhe genossen die Fahrgäste einen eindrucksvollen Blick in das malerische Ruhrtal, damals noch ohne Stausee. Als die Royal Airfoce 1943 die Möhnetalsperre bombardierten und damit einen Tsunami auslösten, stürzte ein Pfeiler ein, es dauert dann 14 Jahre, bis wieder Züge über das Viadukt fahren konnten. Wer den Blick genießen will, muss von Dortmund nach Lüdenscheid fahren.

Lohnenswerte Schlenker

Entlang des Weges

22 Wasserschloss Werdringen

und Museum für Ur- und Frühgeschichte

Zwischen Herdecke im Osten und Wetter im Westen umfließt die Ruhr den Kaisberg, auf dem sich der Freiherr-vom-Stein-Aussichtsturm erhebt. Am Südwesthang des Kaisbergs steht in Hagen-Vorhalle das Wasserschloss Werdringen, ein Adelssitz aus dem 13. Jh. Paläontologische (Fossilien), archäologische (bronzezeitliche Langschwerter) und historische Denkmäler rund um das Wasserschloss belegen die alte Siedlungsgeschichte des Gebietes.

Das Museum für Ur- und Frühgeschichte zeigt eine umfangreiche Sammlung für die Paläontologie und Archäologie international bedeutender Funde. Dazu zählen etwa die Steinzeitfunde aus der Blätterhöhle und die im ehemaligen Steinbruch Hagen-Vorhalle (Nationaler Geotop) gefundenen weltweit ältesten bekannten Fluginsekten der Erdgeschichte – diese lebten vor rund 319 Mio. Jahren im Karbon. Das im 13./14. Jh. errichtete „Herrenhaus" mit schönem Stufengiebel sowie die Remise sind noch weitgehend unverändert erhalten.
www.historisches-centrum.de

nge des charmanten
nweges zum Harkortturm:
km

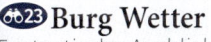

23 Burg Wetter
Fantastische Ausblicke

Burg Wetter hoch über dem Harkortsee auf einem Ausläufer des **Ardeygebirges** zählt zu den bedeutendsten Burgen des gesamten Ruhrtals. Gebaut wurde sie zwischen 1250 und 1274 im Auftrag der Grafen von der Mark als Reaktion auf den Bau der gegenüberliegenden Burg Volmarstein durch das damals nicht immer friedliche Erzbistum Köln. Burg Wetter und Burg Volmarstein markierten nun die Grenzen der jeweiligen Territorien. 1445 testeten die Kölner die Verteidigungsfähigkeit der Burg – sie konnte gehalten werden. Die umliegenden Häuser gingen allerdings in Flammen auf. Von der einst stattlichen Burg sind heute nur Mauerreste und der 25 m hohe Burgturm (keine Besichtigung) erhalten. Eine Treppe führt jedoch zu einem Aussichtspunkt mit schönem Blick auf den Harkortsee.

Nach 1819 sah die Anlage jedoch deutlich anders aus, denn **Friedrich Harkort** baute hier die Gebäude der „Mechanische Werkstätte Harkort & Co.", eine der ersten Maschinenbaufirmen im Ruhrgebiet.

23 Harkortturm
Der 35 m hohe Aussichtsturm auf dem 231,6 m hohen Harkortberg wurde 1884 mit Privatspenden zu Ehren von Friedrich Harkort errichtet. 130 Stufen führen hinauf zu einer Aussichtsplattform mit weitem Blick über den Stausee ins Sauerland. Aber auch wenn der Turm geschlossen ist – der Panoramablick vom Turmfuß allein ist schon die Anfahrt wert!

Wetter an der Ruhr

Schieferstadt im Ruhrbogen

Die auf und an einem von der Ruhr umflossenen Sporn errichtete Stadt war eine der vier Kreisstädte der Grafschaft Mark – zwischen 1250 und 1274 wurde hier Burg Wetter als Vorposten gegen die kurkölnische Burg Volmarstein errichtet.

Zu den Hauptsehenswürdigkeiten der Stadt zählt neben dem Rathaus von 1909 vor allem der mittelalterliche Stadtkern. Die Burgruine unweit des Rathauses liegt im Bereich der historischen **„Freiheit Wetter"**: Die märkischen Grafen verwalteten von hier aus ihre Besitzungen an der Ruhr, die Bewohner hatten eine begrenzte Selbstverwaltung und wählten ihren eigenen Bürgermeister. Bis heute erhalten geblieben ist ein sorgfältig restauriertes Fachwerkensemble.

Der bedeutendste Sohn der Stadt ist **Friedrich Harkort**, der unweit der Burg in der Frühzeit der industriellen Revolution eine Maschinenfabrik bauen ließ. An der zum See gelegenen Seite befindet sich das **Harkorthaus**, in dem Harkort Mitte des 19. Jhs. lebte. www.stadt-wetter.de

Friedrich Harkort

Industriepionier der ersten Stunde

Der Unternehmer und Politiker Friedrich Wilhelm Harkort (1793–1880) wird immer wieder auch als „Vater des Ruhrgebietes" bezeichnet, denn wie kein anderer hat er die Frühzeit der Industriellen Revolution im heutigen Ruhrgebiet maßgeblich mitgestaltet.

Seine Harkort'sche Maschinenfabrik in Wetter, in der unter anderem Dampfmaschinen gebaut wurden, machten zusammen mit den von ihm entwickelten Pumpen und dem beginnenden Eisenbahnbau erst den Kohleabbau im Tiefbau möglich.

Mindestens genauso bedeutend war sein soziales Engagement: Harkort war ein engagierter Sozialpolitiker, der sich mit Nachdruck für das Verbot von Kinderarbeit, der Einrichtung von Krankenkassen für Arbeiter, für die allgemeine Schulbildung und die Errichtung von Berufsgenossenschaften zum Gesundheitsschutz der Werktätigen einsetzte. Seine Persönlichkeit war durch ein starkes bürgerliches Selbstbewusstsein, ein großes Verantwortungsgefühl gegenüber Volk und Staat sowie einen unerschütterlichen Glauben an den Fortschritt in Technik, Wirtschaft, Gesellschaft und Politik geprägt.

Besonders die Transportproblematik im Ruhrbergbau lag ihm am Herzen. Ihm war klar, dass die schienengebundenen Transporte von Massengütern wie Kohle entscheidend für die wirtschaftliche Entwicklung der Ruhrregion waren.

So entwickelte er Pläne für Pferdebahnen, die das Bergische Land mit den Zechen des Ruhrgebiets verbinden sollten – eine der ersten Bahnen legte er 1829 mit der **Schlebusch-Harkortschen Pferdebahn** selber an, 1831 folgte die **Deiltaler Eisenbahn**. Wichtig wurden auch seine Projektskizzen für eine Fernverbindung zwischen Köln und Minden (plus der Verlängerung nach Berlin), die sich in einem ersten Streckenabschnitt der Bergisch-Märkischen Eisenbahn niederschlug.

Lohnenswerte Schlenker

Entlang des Weges

⚅25 Burg Volmarstein

Lohnende Aussichtsburg

Die 1110 errichtete, aber Ende des 15. Jhs. dem Verfall preisgegebene Burg in einer parkartigen Anlage liegt auf dem Gipfel des steil abfallenden „Vorbergs" – ein toller Aussichtspunkt über dem Ruhrtal: Ruhraufwärts blickt man zum Harkortsee, zum Kaisberg und auf das Ardeygebirge mit Herdecke und der Syburg, rechts liegt in der Senke von Volme- und Ennepetal die Stadt Hagen, dahinter die Gipfel des nordwestlichen Sauerlandes, nördlich von Wetter der bewaldete Höhenzug „Auf dem Heil", der höchste Punkt des Ardeygebirges. Auch das Dorf Volmarstein – ein Stadtteil von Wetter – bietet mit seinen malerischen Fachwerkhäusern aus dem 17./18. Jh. und der aus dem 11. Jh. stammenden Dorfkirche schöne Ansichten.

Wengern, ein Ortsteil von Wetter, liegt an der Elbsche und lohnt mit seinem hübschen Ortskern einen Halt. Neben der Dorfkirche zählen der Leimkasten (1541 erbaut, heute Gasthaus), das Fachwerkhaus Schlucks Hof, das Fachwerkhaus „Mühlchen" (Henriette-Davidis-Museum) und das Fachwerkgebäude Haus Dönhoff zu den Sehenswürdigkeiten des Ortes. Die Wetteranerin Davidies schrieb mit ihrem vielfach nachgedruckten Bestseller „Praktisches Kochbuch für die gewöhnliche und feinere Küche" 1845 Kochgeschichte.

Nach dem Ortsende von Wengern führt der Radweg entlang des **Naturschutzgebietes Ruhraue** („Spieck") an Witten-Bommern vorbei. Unterwegs gibt es mehrere Möglichkeiten, in das mit einem Betretungsverbot belegte Schutzgebiet zu schauen und Vögel wie u.a. das Schwarzkelchen zu beobachten. An einigen Punkten sind Infotafeln aufgestellt. Bei Hochwasser ist nach der Eisenbahnbrücke eine Umfahrung ausgeschildert.

Entlang der Bahnlinie geht es am Bahnhof Bommern vorbei zur Ruhrbrücke. Wer **Witten** mit dem **Märkischen Museum** (Werke deutscher Malerei und Grafik ab 1900; Husemannstraße 12) im Stadtzentrum besichtigen will, quert hier die Ruhr. 2 km südöstlich der Innenstadt liegt der 21 m hohe **Aussichtsturm Berger-Denkmal**, eines von mehreren sogenannten „Panoramen" an der **Route der Industriekultur**. Vom Aussichtsturm genießt man einen schönen Blick auf die Ruhrschleife um Bommern.

Essen, Trinken & Durchatmen

Ein kulinarischer Abzweig

Restaurant Bootshaus Wetter
*Küche: **regional nach altbewährten Rezepten***
*Spezialität: **Grillteller***
*Preis: **mittel***
*Übernachtungsmöglichkeit: **nein***

Restaurant Bootshaus Wetter
Am Obergraben 6
58300 Wetter (Ruhr)
Tel. +49 157 80855218 oder
Tel. +49 2335 7691580
https://bootshaus-wetter.ruhr

Restaurant Haveli
*Küche: **indisch***
*Spezialität: **Tandoori-Hühnchen***
*Preis: **mittel***
*Übernachtungsmöglichkeit: **nein***

Restaurant Haveli
Bodenborn 66
58452 Witten
Tel. +49 2302 9829191
www.restaurant-haveli.de

STADTWERKE
WITTEN
Natürlich.

EINSTEIGEN UND ENTSPANNEN

an Bord der MS Schwalbe II

www.avidea.de

Eine Schifffahrt auf der Ruhr – die wohl schönste Möglichkeit, das Panorama des Ruhrtals zu genießen.

www.stadtwerke-witten.de/schwalbe

33 **km**

Essen-Steele   Witten

N

hm **167** Abstieg
140 Aufstieg

Streckenprofil

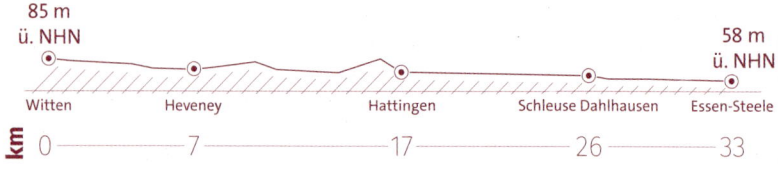

85 m
ü. NHN

58 m
ü. NHN

Witten   Heveney   Hattingen   Schleuse Dahlhausen   Essen-Steele

km 0 ——————— 7 ——————— 17 ——————— 26 ——— 33

Entlang der Ruhr auf dem
Leinpfad

Wittens Hauptsehenswürdigkeiten liegen auf der südlichen Seite der Ruhr in **Bommern** 26 – der Ruhrtalradweg führt teilweise direkt daran vorbei. 700 m nach der Ruhr Brücke stößt der Radweg auf die Nachtigallstraße – hier startet am Parkplatz der **Bergbauwanderweg Muttental** zu den Ursprüngen des Kohlebergbaus. Nach nur wenigen Metern ist das **Gruben- und Feldbahnmuseum** 26 erreicht. Südlich des Parkplatzes Nachtigallstraße geht es auf der Straße „Auf Steinhausen" zum südlich des Gleisgeländes gelegenen **Schloss Steinhausen**, das einst zur Sicherung eines Ruhrübergangs erbaut wurde. Heute findet man dort ein Restaurant, Ateliers und einen kleinen Schlosspark.

Zurück am Parkplatz geht es mit dem Rad (oder alternativ mit der Feldbahn) auf der Nachtigallstraße, später Muttentalstraße, weiter zur 1892 still gelegten **Zeche Theresia**, in der einst Steinkohle abgebaut wurde. Auf dem Weg

dorthin zweigt auf Höhe des Zechengebäudes rechts der Weg zur **Nachtigallbrücke** ab – dies ist die Variante zur **Fähre Hardenstein**, die nur zwischen Ende März und Ende Oktober verkehrt.

Findet der Fährbetrieb statt, folgt man dem offiziellen Radweg, vorbei am Gelände des **Industriemuseums Zeche Nachtigall** 26 mit dem hohen Schornstein der Ziegelei Dünkelberg. Vor der Überfahrt sollte man noch 200 m weiter zur gut erhaltenen Ruine der **Burg Hardenstein** fahren. Die direkt an der Museumsbahn und Ruhr gelegene Burg wurde um 1354 als sogenannte Niederungsburg errichtet – zwei runde Ecktürme sind noch erhalten.

Mit der **Fähre** – ein kleiner Katamaran mit Elektromotor – geht es anschließend ans Westufer und links weiter Richtung Herbeder Schleuse. Das **Königliche Schleusenwärterhaus** an der Schleuse vis-a-vis der Burgruine Hardenstein ist

Burgruine Hardenstein

Die um 1350 errichtete Anlage war zunächst ein Herrenhaus und wurde erst um 1430 mit flankierenden Türmen und einer Schildmauer befestigt. im 18. Jahrhundert wurde die Burg aufgegeben und dem Verfall überlassen.

Eine Fähre transportiert vom Frühjahr bis zum Herbst Radfahrer und Wanderer auf Höhe von Burg Hardenstein von einem zum anderen Ruhrufer. Sie wird von Ehrenamtlichen bis zum Einbruch der Dunkelheit betrieben. Der Katamaran mit zwei Propellern und Rudern kann bis zu 49 Personen transportieren. Die Fähre ist Teil des offiziellen Ruhrtalradwegs.

Fährbetrieb:
März, April, Okt. täglich 10–18 Uhr; Mai und Sept. tägl. 9–19 Uhr; Juni, Juli und Aug. täglich 9–21 Uhr.
www.ruhrtalfaehre.de

Zechen bei Bommern

Bergbau im Muttental

Eindrucksvolle Zeugnisse des Bergbaus finden sich südlich der Ruhr im Wittener Stadtteil Bommern. Eine Gruben- und Feldbahn, ein Besucherbergwerk und ein spannender Bergbauwanderweg geben Einblicke in die Frühzeit des Ruhrgebietsbergbaus und den Alltag der Bergleute in einer Zeche.

Gruben- und Feldbahnmuseum Zeche Theresia
Im 18. und 19. Jh. waren viele Schmalspurbahnen im Einsatz – zum Transport landwirtschaftlicher Erzeugnisse, Baustellenmaterial oder Bodenschätze. Oft fuhren sie auf „fliegenden Gleisen", die provisorisch gelegt wurden und mit einer Baustelle oder einem Tagebau wanderten. Unter Tage dienten die Grubenbahnen vor allem zum Abtransport der Kohle aus den langen Stollen und zur Einfahrt der Bergleute zum jeweiligen Arbeitsplatz.

Auf dem Gelände des Gruben- und Feldbahnmuseums befand sich einst die **Zeche Theresia**, die dort ab 1790 Kohle förderte.1832 wurde sie mit der benachbarten Zeche Nachtigall und anderen Förderbetrieben zur Zeche Vereinigte Nachtigall konsolidiert, um den Stollenbergbau besser vorantreiben zu können. Heute finden sich auf dem Gelände restaurierte Betriebsgebäude mit Ausstellungsräumen und die Gastronomie des Museums. Auf den Feldbahngleisen stehen teils restaurierte, teils auch vor sich hinrostende Fahrzeuge. Inzwischen umfasst der Fuhrpark um die 100 Lokomotiven und ca. 200 Waggons für den Güter- und Personentransport auf dem Feld oder unter Tage. Dazu gibt es ergänzend viele Beschreibungen, Fotos und einen Film.

An ausgewählten Wochenenden fahren Züge auf der 1,2 km langen Muttental-Bahnstrecke zwischen dem Parkplatz Nachtigallstraße (Museum) und dem nahegelegenen Industriemuseum Zeche Nachtigall.
www.muttenthalbahn.org/de/dasmuseum

Bergbauwanderweg Muttental
Beim Feldbahnmuseum beginnt ein 8 km langer Rundwanderweg (200 Hm), der 30 Sehenswürdigkeiten rund um das Thema früher Bergbau im Ruhrgebiet verbindet. Dazu zählen z. B. die Eingänge meh-

rerer Zechen und Schächte, ein Bethaus, ein Flözaufschluss und ein Steinbruch.

Im Muttental wurde vermutlich die erste Kohle des Ruhrreviers gefunden, davon zeugen viele Klein- und Kleinstzechen und erste Schächte. Ein guter Startpunkt für die Wanderung ist der Parkplatz an der Nachtigallstraße – rund 1,2 km des markierten Wegs in Form einer Acht kann man mit der Feldbahn zurücklegen.

Wer die Infotafeln am Wegrand lesen will, sollte rund 2 bis 2½ Stunden. Gehzeit einkalkulieren.
www.ruhrgebiet-industriekultur.de/muttental.html

Besucherbergwerk Zeche Nachtigall

Ebenfalls am Radweg liegt die Zeche Nachtigall, die bis 1892 in Betrieb war. Nach ihrer Schließung wurde das Gelände von der Ziegelei Dünkelberg genutzt. Heute wird auf dem Areal sowohl die Arbeit der Zeche Nachtigall, der Ziegelei, der für die Region Muttental typischen Kleinzechen als auch die Kohleschifffahrt auf der Ruhr nachgestellt bzw. dokumentiert.

Noch eindrucksvoller ist allerdings die Fahrt in den Besucherstollen. Alle 2 Stunden findet eine einstündige Führung in einen Steinkohleflöz im Hettberg statt, auf dem man haunah die Arbeitsbedingungen in einem historischen Untertageabbau erlebt. Die Führungen finden in Kleingruppen statt. Die Stollentemperatur liegt konstant bei ca. 12 °C.
Di. bis So. 10–18 Uhr.

Info-Tel. zu Führungen: +49 2302 93664-0
www.lwl.org/industriemuseum/standorte/zeche-nachtigall

ein beliebter Radler-Treff. 1835 wurde es von König Friedrich II. von Preußen als Wohnhaus für den Schleusenwärter erbaut – zwischen 1887 und 2005 wohnten hier mehrere Generationen der Familie Rosendahl. Das Fachwerkhäuschen war eines von insgesamt 14 Schleusenwärterhäusern an der Ruhr und ist das letzte erhaltene, wenn auch nur wiederaufgebaut nach einem Brand 2015.

Interessant ist die lang gezogene Wehranlage an der Ruhr, die nicht quer zum Fluss, sondern als Steinschüttung aus zwei parallel aufgeschütteten Wällen besteht – im Fachjargon wird sie „Schlagd" genannt.

Der Radweg folgt der Ruhr in einem Rechtsbogen – links ist eine schmale Insel im Fluss zu sehen. Die Lakebrücke, die man wenig später erreicht, führt auf diese Insel und weiter in den Wittener Ortsteil **Herbede**. Im Ort steht das Haus Herbede, das älteste Herrenhaus im mittleren Ruhrtal.

Schon bald ist die Nordspitze des **Kemnader Sees** erreicht. Links schaut man auf eine Insel – den Namen Herzinsel verdankt sie ihrer Form. Zu Fuß kann man die wenigen Schritte bis zum grünweiß geringelten **Leuchtturm** auf einer schmalen Landspitze gehen. Der Kemnader See ist touristisch sehr gut erschlossen: Teilweise führen drei nebeneinanderliegende Teerstraßen um den See – eine für Fußgänger, eine für Radfahrer und eine für Inline-Skater (Ruhr-In-Line). Der Radweg umrundet die Nordspitze des Sees, passiert dabei das **Freizeitbad Heveney** und wenig später das **Freizeitzentrum Kemnade** mit Bootsverleih.

Kemnader See

Wassersportparadies

Der zwischen den Ruhrstädten Bochum, Witten und Hattingen gelegene See ist ein viel besuchtes Ausflugsziel – entsprechend viel befahren ist auch der Radweg. Der als letzter erst 1979 aufgestaute Ruhr-Stausee wurde wie auch die anderen vor allem zur Regulierung der Wassermengen der Ruhr und zur Verbesserung der Wasserqualität angelegt – die Schwebeteilchen, die u. a. vom Oelbach eingetragen werden, sollen darin absinken. In der Umgebung des Sees lassen sich Kormoran, Eisvogel und Graureiher beobachten.

Der See wird durch ein Klappenwehr gestaut – das lässt sich abhängig von der Wassermenge stauen und sorgt so für einen gleichbleibenden Wasserspiegel (72 m über NN).

Der See ist ein beliebtes Naherholungsgebiet – vor allem das Nordufer wurde touristisch ausgebaut.

Kemnader See

Artenvielfalt zwischen den Ruhrstädten

Lohnenswerte Schlenker

Entlang des Weges

Umweg über Haus Kemnade und Blankenstein nach Hattingen: 6,3 km

🔭27 Wasserburg Haus Kemnade
und das Porzellan

Die von einem Wassergraben umgebene Burg zählt zu den besterhaltenen des Ruhrtals. Bis Ende des 15. Jhs. stand die Burg am Rand von Stiepel auf der nördlichen Ruhrseite – nach einem Hochwasser 1486 änderte der Fluss jedoch sein Bett – Burg und Dorf waren nun durch den Fluss getrennt. Stiepel wurde jedoch weiter vom Haus Kemnade aus regiert, da hier der Sitz der Gerichts- und Patronatsherren von Stiepel war. Ihr heutiges Aussehen erhielt die Burg zwischen 1602 und 1704; 1780 wurde der Wassergraben angelegt. Die Innenräume und die gotische Kapelle sind ebenfalls sehenswert. Zwei Privatsammlungen haben hier einen würdigen Rahmen erhalten: Eine bedeutende Musik-instrumentensammlung mit Instrumenten aus dem 16. bis 20. Jh. und eine Ostasiatika-Sammlung. Ein Bauernmuseum zeigt in einem Fachwerkhaus Exponate zum bäuerlichen Alltag im 18. und 19. Jh.
www.kunstmuseum
bochum.de

🔭28 Blankenstein und seine Burg

Wenn man die Burg verlässt und links weiter nach Blankenstein fährt, quert man den Rest eines Altarms der Ruhr. Nächstes Ziel auf dem landschaftlich und kulturell lohnenden Schlenker ist **Blankenstein** mit der gleichnamigen Burg.

Gegenüber der Kirche St. Johannes Baptist am Marktplatz findet man das **Hattinger Stadtmuseum**. Blickfang über dem Ortskern ist die Ruine der hochmittelalterlichen **Höhenburg**. Gebaut wurde sie im 13. Jh. auf einem Felssporn 70 m über der Ruhr und war mit den Burgen Altena, Wetter und Volmarstein eine der vier Hauptburgen der Grafen von der Mark. Nach zwei Jahrhunderten des Verfalls wurde die Burg Mitte des 18. Jhs. im Stil des Historismus wiederaufgebaut. Der rechteckige Torturm kann bestiegen werden. Von der Ringmauer, vor allem aber vom Torturm aus genießt man

einen herrlichen Blick über Haus Kemnade zum Kemnader See.
www.burgblankenstein.de

Nördlich des Ortskerns liegt auf einer bewaldeten Hügelkuppe der **Gethmannsche Garten**, ein zu Beginn des 19. Jhs. angelegter Landschaftsgarten. Der Besuch lohnt sich vor allem wegen des Belvedere am Ruhrhang – von der hoch gelegenem Aussichtskanzel hat man Richtung Osten eine schöne Sicht über das Ruhrtal.

Vor dem Freizeitzentrum liegt rechts des Weges das ehemalige Gebäude der **Zeche Gibraltar Erbstollen.** Ab 1830 wurde hier ein 2 km langer Stollen gegraben, allerdings fand man keine ergiebigen Kohlevorkommen, 1883 folgte deshalb die Stilllegung. Zwischen 1918 und 1922 wurde der Stollen jedoch reaktiviert, aus dieser Zeit stammt das heutige Gebäude. Endgültig geschlossen wurde die Zeche 1925. Für kurze Zeit (bis Anfang 1934) diente die Zeche dann als „wildes" Konzentrationslager, in dem man Regimegegner inhaftierte. Vor allem Kommunisten, Sozialdemokraten und Gewerkschafter wurden mit Folter zu Geständnissen gezwungen. Heute findet sich im Gebäude ein gastronomischer Betrieb.

Bei der **Radfahrerbrücke** muss man sich entscheiden, ob man dem offiziellen Radweg auf der Nordseite bis Hattingen folgt oder nach Hattingen auf dem Schlenker über **Haus Kemnade** 🚲27 und **Burg Blankenstein** 🚲28 fährt.

Der **Hauptweg** bleibt auf der **rechten Seite** des Flusses – das Landschaftsbild wandelt sich, der Radweg folgt nun bis zum Fähranleger Stiepel dem historischen **Leinpfad**, biegt dann aber nach Nordwesten ab und umrundet eine Wassergewinnungsanlage (links sind lange Wasserbecken zu erkennen) und verläuft dann wieder auf dem Leinpfad direkt am Wasser entlang zum **Campingplatz Ruhrbrücke**. Hier wechselt der Radweg ans linke Ufer.

Dort wird der Radweg unter der Straßen- und Bahnbrücke hindurchgeleitet. Bevor man ihm aber weiter flussabwärts folgt, empfiehlt sich der Abstecher zum imposanten **Industriemuseum Henrichshütte Hattingen** 🚲29 und in die Altstadt von **Hattingen** 🚲29. Auf dem Weg dorthin sollte man 250 m auf der Schleusenstraße zur alten **Birschel-Mühle** an der Schleuse fahren – hier wurde einst Getreide gemahlen.

Mit dem Verlassen des Kemnader Sees wandelt sich das Landschaftsbild der Ruhr immer mehr. Parallel zum Radweg sind Reste des alten Leinpfades sichtbar, über den die Ruhrlastkähne, sogenannte Ruhraaken, ruhraufwärts getreidelt, also mit kräftigen Zugpferden gezogen wurden. Der Fluss wird zudem durch zahlreiche Buhnen, die gegenüberliegen und den Fließquerschnitt einengen, beschleunigt und vertieft. Zwischen den Buhnen haben sich idyllische Buchten gebildet.

Der Hauptweg folgt dem historischen Leinpfad direkt am Wasser entlang um den langen Sporn herum, den die Ruhr in der sogenannten **Hattinger Schleife** umfließt. Auch auf dem folgenden Teilstück prägen unzählige Buhnen das Flussbett – sie engen mal doppelseitig und mal einseitig den Flussquerschnitt ein. Die Flussauen auf der rechten Uferseite der Flussschlinge stehen als **Naturschutzgebiet Ruhraue Hattingen Winz** unter Schutz.

Vom Parkplatz Isenberger Schwall kann man einen kurzen Spaziergang zur **Isenburg** unternehmen. Die auf einem steilen Felssporn errichtete Spornburg bietet einen schönen Blick auf die Flusslandschaft, den Ruhrbogen mit den markanten Buhnen, den Leinpfad und das bewaldete Hinterland. Innerhalb der

Isenburg
und Haus Custodis

Wissenswertes im Gepäck

Lohnenswerter Schlenker zum Industriemuseum Henrichshütte: 2 km

Route der Industriekultur

Stählernde Giganten

Die vom Regionalverband Ruhr erarbeitete touristische Themenstraße verbindet die „wichtigsten und touristisch attraktivsten" Industriedenkmäler des Ruhrgebiets.

Ankerpunkte

Insgesamt wurden 26 Ankerpunkte definiert, die als „Meilensteine der Industriekultur" in der Metropole Ruhr herausragende Bedeutung für die Region haben. Sie bilden das Kernnetz der Route und zeigen die gesamte Bandbreite der Industriekultur. **Ankerpunkte entlang des Ruhrradwegs** sind die Zeche Nachtigall in Witten, die Henrichshütte in Hattingen, das Eisenbahnmuseum Bochum-Dahlhausen, das Aquarius-Wassermuseum in Mülheim an der Ruhr und das Museum der Deutschen Binnenschifffahrt in Duisburg. Weitere Ankerpunkte, zu denen Abstecher beschrieben werden, sind der Landschaftspark Duisburg-Nord, die Villa Hügel, die Lindenbrauerei in Unna und das Wasserkraftwerk Horster Mühle.

Panoramen

Dazu kommen sogenannte „Panoramen" wie etwa die Hohensyburg oberhalb des Hengsteysees oder das Berger-Denkmal in Witten. Über 1.000 Standorte sind in aktuell 28 Themenrouten verortet und bilden ergänzend zur eigentlichen Route der Industriekultur ein Netzwerk, das die industrielle Kulturlandschaft des Ruhrgebiets in all seinen Facetten widerspiegelt.

Das **Besucherzentrum** befindet sich in der Zeche Zollverein in Essen. www.route-industriekultur.ruhr

Schachtgerüst mit Kohlen-
fördergefäß – Zeche Renate

Historisches
Bergbaugebiet Muttental

Zu den Wurzeln des Kohlebergbaus

Das romantische Tal des Muttenbachs, ein unscheinbarer Zufluss zur Ruhr südlich von Witten, ist vermutlich der erste Fundort von Kohle im Ruhrrevier. Hier wurde in kleinen, teils winzigen Zechen Kohle gefördert, aus ersten Stollen und Schächten. Ein Bergbauwanderweg verbindet die erhaltenen Zeugnisse und rekonstruierten Objekte – am Weg liegen auch das Industriemuseum Zeche Nachtigall, das Gruben- und Feldbahnmuseum Zeche Theresia, aber auch Schloss Steinhausen und die Ruine Hardenstein.

www.ruhrgebiet-industriekultur.de/muttental.html

Vielerorts treten im Ruhrgebiet die tief-
schwarzen Flöze zu Tage. So auch im Bereich der Isenburg bei Hattingen.

Schlägel und Eisen waren im historischen Bergbau die wichtigsten Werkzeuge im Gezähe des Bergmanns.

Lohnenswerte Schlenker

Entlang des Weges

Länge des charmanten Umweges über Haus Kemnaden und Blankenstein nach Hattingen: 6,3 km

⬤⬤29 Hattingen
Fachwerkidylle am Malerwinkel

Zu den schönsten Stadtansichten von Hattingen gehört der sogenannte „Malerwinkel", eine Gasse voller Altstadthäuser und dem schiefen Turm der St.-Georgs-Kirche im Hintergrund. Eine Treppe zwischen den eng stehenden Fachwerkhäusern leitet zum **Kirchplatz**, dem Zentrum der Altstadt. Am Kirchplatz kann man ahnen, wie es hier wohl im Mittelalter war, als die Bewohner aus den Gassen zum Platz vor St. Georg strömten. Ein zweites Zentrum der historischen Altstadt ist das prächtige **Alte Rathaus** von 1576 am **Untermarkt**. Das genaue Gegenteil ist das kleinste Haus Hattin-gens, das Zollhaus an der Grabenstraße. Hier verlief entlang der Stadtmauer einst ein Ringweg. Woher das **Bügeleisenhaus** (1611) seinen Namen hat, wird klar, wenn man vor dem eigenwillig gebauten Haus steht. Heute birgt es das Museum des Heimatvereins. Ein typisches Ackerbürgerhaus ist das Haus Steinhagen 6–8, 1729 gebaut von einer

Bauernfamilie, die Felder und Wiesen vor den Toren Hattingens besaßen, ihren Hof aber in der Stadt im Schutz der Stadtmauern bauten und daher Ackerbürger genannt wurden. Der empfohlene **Altstadtrundgang** ist rund 2 km lang. Unterwegs sieht man viel Kunst im öffentlichen Raum, u. a. zwei neue Stadttore am Steinhagenplatz und am ehemaligen Bruchtor.

www.hattingen.de/stadt_hattingen/Tourismus/

Industriemuseum Henrichshütte Hattingen – Museum für Eisen und Stahl

Eine andere – weniger romantische – Seite der Stadt erlebt man bei einer Führung durch den einstigen Stahlstandort Zeche Henrichshütte. Hier wurde 100 Jahre lang in Hochöfen Eisen und Stahl produziert, gegossen und gewalzt. Höhepunkt im wahrsten Sinne des Wortes ist die Auffahrt auf den großen Hochofen. Aus über 55 m Höhe genießt man nicht nur einen guten Blick über das Ruhrtal, sondern auch über die Gesamtanlage. Noch heute fließt Metall in der Schaugießerei (Tage erfragen). Es lohnt sich, an einer der Führungen teilzunehmen, die z. B. zum Stahlwerk, dem großen Konverter und dem Erzkabinett führen.

www.lwl.org/industrie museum/standorte/henrichshuette-hattingen

Stadtplan
Hattingen

100 m

Altes Fachwerk am
Bügeleisenhaus

Historischer Leinpfad
Treidelpfad entlang der Ruhr

Hufe klappern, Pferde wiehern, Menschen brüllen… so oder ähnlich muss es einst am Leinpfad zugegangen sein, als kräftige Arbeitspferde die flachen Ruhrkähne flussaufwärts zogen.

Auf dem Flussabschnitt zwischen Witten und Duisburg ist der Leinpfad noch an vielen Stellen an einem, teilweise sogar an beiden Ufern erkennbar. Oft verläuft der historische Leinpfad nur wenige Zentimeter über dem Wasserspiegel, besonders gut erhalten ist er in der schmalen Ruhrschleife zwischen Hattingen und Dahlhausen und an der Brücke am ehemaligen Holteyer Hafen.

Nach dem Ausbau der Mittleren Ruhr zur Schifffahrtsstraße war der Fluss ab 1780 bis Witten befahrbar – auf ihm wurden Kohle und viele weitere wichtige Handelsgüter zum Rhein transportiert. Mangels Motoren mussten die Ruhrschiffe von Kaltblutpferde stromaufwärts gezogen werden. Die flachen Plattbodenschiffe, die „Ruhraaken", konnten bis zu 150 t transportieren (ein Nachbau steht im Industriemuseum Zeche Nachtigall). Das alles war sehr aufwendig: Der Leinpfad musste bedingt durch die Topografie gelegentlich das Ufer wechseln und mit ihm auch die Zugpferde, die man anschließend wieder neu anspannen musste. Das alles war so zeit- und kostenintensiv, dass die Ruhrschifffahrt 1889 eingestellt wurde. Ersetzt wurde sie durch die neu gebaute Ruhrtaleisenbahn, die zwischen 1872 und 1876 den Betrieb aufnahm.

Der weitaus größte Teil des Leinpfads ist heute geteert und gleichermaßen bei Spazier- und Radwande-

rern beliebt. An ausgewählten Stellen hat man aber die **Originalpflasterung** erhalten können, z.B. direkt unterhalb der Burgruine am Isenberg zwischen Niederwenigern und Hattingen. Betreten dürfen diesen Abschnitt allerdings ausschließlich

Fußgänger. Der Radweg führt gut ausgebaut wenige Meter oberhalb entlang.

Am **Isenberg** gab es früher eine Furt, die die Bauern aus Winz in der Hattinger Schleife nutzten, um ihre Tiere auf die Winzermark zu bringen, eine ge-

meinschaftlich genutzte Weidefläche, auf der das Vieh gemästet wurde. Nach dem Ausbau der Ruhr und ihrer Vertiefung wurde das Vieh noch eine Zeit lang mit Kähnen über die Ruhr transportiert, bis auch das zu unrentabel wurde.

Ruinen wurde im 19. Jh. ein Landhaus, das Haus Custodis, errichtet. Die Burg – um 1200 die größte Höhenburg im deutschsprachigen Raum – diente zur Sicherung des Kleinen Hellwegs, eines historischen Handelsweges.

Unweit eines kleinen Campingplatzes zweigt erneut eine **Hochwasser-**

alternativroute ab – sie wird schon bei geringem Hochwasser gebraucht, da der Radweg im späteren Verlauf oft nur wenige Zentimeter über dem Normalwasserstand liegt. Ist der Wasserstand normal oder niedrieg, folgt der Radweg an Niederweningen vorbei dem historischen Leinpfad.

Vor der **Ruhrschleuse Am Stade** führt links die Schwimmbrücke in den Bochumer Stadtteil **Dahlhausen**. Die 90 m lange Brücke ruht in der Mitte auf zwei Pontons. Der Radweg umrundet die Ruhrschleuse und führt unmittelbar an der Wasserkante entlang – links des Radwegs befindet sich eine weitere Wasseraufbereitungsanlage.

Die **Radlerbrücke** bietet die Möglichkeit zu einem Schlenker zum **Eisenbahnmuseum Bochum** 66 30, das sich auf der rechten Ruhrseite befindet.

Weiterhin auf dem Leinpfad fährt man am Südufer zur **Schleuse Horst** (auch hier wird der Fluss mittels eines quer gebauten Schlagd gestaut) und hat we-

nige Meter weiter einen schönen Blick auf das **Wasserkraftwerk Horster Mühle** mit seinem hoch in den Himmel ragenden Ziegelturm. Kurz danach führt rechts die **Schwimmbrücke Holtey** mit ihren zwei röhrenförmigen Pylonen ans Nordufer hinüber – gleich nebenan liegt ein Campingplatz.

Ein bunter Fleck am Radweg (und ein viel fotografiertes Motiv) ist der „Leuchtturm", ein künstlerisch umgestalteter Strommast. Der mit bunten Plexiglas verkleidete Hochspannungsmast ist Teil des Kunstpfads Ruhr am Ruhrtalradweg.

Beim aufgelassenen **Holteyer Hafen** ist das vom Fluss abgetrennte Hafen-

becken noch zu erkennen – in den 1830er Jahren errichtet, diente der kleine Hafen der Ruhrschifffahrt früher als Nothafen bei Unwettern, Niedrig- bzw. Hochwasser, bei Eisgang, aber auch zum Überwintern von Kohleschiffen.

Beim Bootshaus an der Kurt-Schumacher-Brücke endet der Abschnitt; für die Fahrt in Essens Stadtteil **Steele** wechselt man über die Brücke ans rechte Ruhrufer. Leider wurden in Steele in den späten 1960er und beginnenden 1970er Jahren im Rahmen einer Flächensanierung ganze Straßenzüge mit vorindustriellen Fachwerkhäusern und viele Straßenzüge mit gründerzeitlicher Bebauung zerstört – ein ganzes Stadtviertel sogar fast komplett geschleift.

Lohnenswerte Schlenker

Entlang des Weges

Länge des charmanten Umweges: 1 km

⏺30 Eisenbahnmuseum Bochum
Dampf über der Ruhr

Die riesige Privatsammlung mit über 120 Schienenfahrzeugen aus dem Zeitraum 1853 bis heute bietet durchaus noch betriebsfähige und regelmäßig fahrende Fahrzeuge. Fotogen ist das original erhaltene Bahnbetriebswerk mit 20-m-Drehscheibe und alte Ringlokschuppen. Hier finden Eisenbahnfans alles von der kleinen Feldbahnlok über Schnellzüge bis hin zum Wismarer Schienenbus von 1936 (liebevoll das „Schweineschnäuzchen" genannt). Immer wieder werden Sonderfahrten mit dem Museumszug angeboten. Auf der Ruhrtalstrecke verkehrt der Museumszug vom Eisenbahnmuseum bis zum Hauptbahnhof von Hagen planmäßig an jedem ersten Sonntag von April bis November. An jedem dritten Sonntag von April bis Oktober können die Besucher auf dem Führerstand einer Lokomotive mitfahren.

Dr.-C.-Otto-Straße 19, D-44879 Bochum, www.eisenbahnmuseum-bochum.de

Essen, Trinken & Durchatmen

Ein kulinarischer Abzweig

Gasthaus Weiß
Küche: *regional – international*
Spezialität: *Oma Lenchens*
westfälische Kartoffelsuppe
Preis: *mittel*
Übernachtungsmöglichkeit: *nein*

Gasthaus Weiß
In der Delle 4
45529 Hattingen
Tel. +49 2324 85558
www.gasthaus-weiss-
hattingen.de

Leinpfadoase
Küche: *kleine Speisen*
Spezialität: *frisch gebackene*
Waffeln
Preis: *günstig*
Übernachtungsmöglichkeit: *nein*

Leinpfadoase
Am Kempel 23
45529 Hattingen
Tel. +49 2324 42440
www.leinpfadoase.de

Durch die Ruhrauen zur
Ruhrmündung

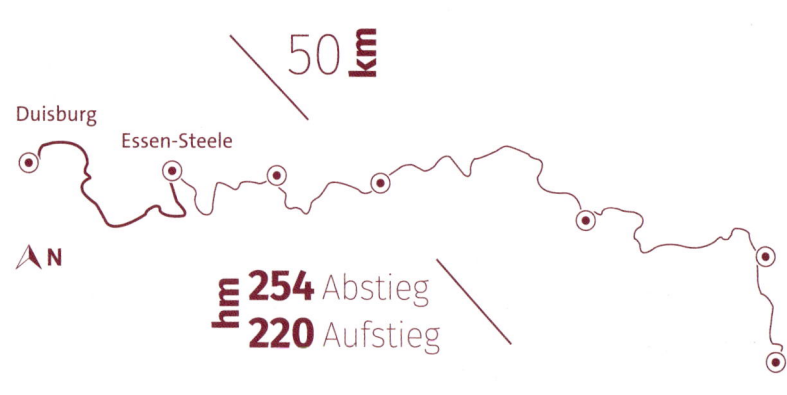

50 km

hm **254** Abstieg
220 Aufstieg

Duisburg
Essen-Steele

N

Streckenprofil

58 m
ü. NHN

24 m
ü. NHN

Essen-Steele Baldeneysee   Mintard   Schloss Styrum   Duisburg

km 0 ——— 8 ——————— 26 ——— 36 ——— 50

Erstaunlich – man fährt entlang des Essener Stadtrands und bekommt davon überraschend wenig mit, verläuft der Ruhrradweg doch ab der Kurt-Schumacher-Brücke durch parkähnliches Gelände, vorbei am Freibad Steele, dem ehemaligen Südbahnhof von Steele und der Spillenburger Schleuse. Linker Hand fallen am anderen Ufer riesige Wasserreinigungsbecken auf – auch hier wird das Ruhrwasser zu Trinkwasser aufbereitet. Bis zur historischen Gaststätte „Zornige Ameise" ist man auf der ehemaligen Bahntrasse der Grugabahn unterwegs.

Bei der Konrad-Adenauer-Brücke bietet sich ein Schlenker zum **Schloss Schellenberg** 31 an.

Wenn keine Hochwassergefahr besteht, folgt der Radweg weiter dem **Leinpfad** ins **Naturschutzgebiet Heisinger Ruhraue**. Unter Schutz stehen eine noch intakte Auenlandschaft mit Altarmen, die regelmäßig überflutet werden, außerdem viele Feuchtbiotope, die zumeist durch Bergsenkungen im Zuge des Untertagebaus entstanden sind. Ornithologen haben hier rund 60 Brutvogelarten sowie bis zu 50 Zugvogelarten gezählt.

An den einstigen Bergbau erinnert auf der anderen Flussseite der Förderturm der ehemaligen **Zeche Heinrich**. Obwohl die Zeche schon lange stillgelegt ist, bleibt die Schachtanlage weiterhin in Betrieb, weil über sie das Grubenwasser reguliert wird. Ohne die Anlage würden einige Teile des Ruhrgebiets durch Bergsenkungen unter Wasser stehen.

Direkt am Radweg liegt das **Fährhaus Rote Mühle**, heute ein beliebtes Gasthaus mit Biergarten, 1687 zunächst eine Schleifmühle, ab 1752 eine Kornmühle. Ab 1774 gab es hier die privat finanzierte Rotemühlenschleuse (auch

Lohnenswerte Schlenker

Entlang des Weges

*Länge des charmant
Umweges: 3 km*

⑥⑥31 Schloss Schellenberg
Hoch über der Ruhr

Das gut erhaltene Schloss steht auf einer Anhöhe in Essens Stadtteil Rellinghausen. Zwischen 1452 und 1993 wohnten hier unzählige Generationen der Freiherren von Vittinghoff, genannt Schell zu Schellenberg. Die Anlage ist ein seltenes Beispiel für eine hoch gelegene Wasserburg – die Schlossanlage steht daher unter Denkmalschutz. Zur Anlage gehören neben dem eigentlichen Haupthaus (Kernburg, Wohnturm und gotische Schlosskapelle aus dem 14. Jh.) ein innerer und äußerer Wirtschaftshof. Der die Anlage umgebende Schlosspark wurde im englischen Stil angelegt. Die Anlage kann nur von außen besichtigt werden.
www.schloss-schellenberg.de

Schleuse Rohmannsmühle genannt) für die Kohleschifffahrt auf der Ruhr. Die Schleuse wurde jedoch durch das Aufstauen des Baldeneysees überflüssig: Der Aufstau ist hier schon wirksam, der Wasserspiegel deutlich angehoben, die Schleuse somit nicht mehr notwendig. Die historische Schleusenkammer blieb erhalten und wird von den Schiffen auch noch genutzt, der v-förmige „Schlagd" der Schleuse ist eine Untiefe.

Nach der Autobahnbrücke und der Umfahrung der Kläranlage führt der Radweg zurück zur Ruhr. Auf Höhe der Kampmannbrücke passiert der Radweg das **Naturdenkmal „Geologische Wand Kampmannbrücke"**. Hier gibt es zwei Flözaufschlüsse, ein Kohleflöz ist gut zu erkennen. In der Wand finden sich neben Hinweistafeln auch restaurierte Stollenmundlöcher der Zechen Wasserschneppe und Voßhegge.

Am Baldeneysee – Urlaubsfeeling im Essener Süden

Als Variante zum Hauptweg entlang des Südufers kann man auch entlang des Nordufers fahren. Die Variante führt durch das **Vogelschutzgebiet Heisinger Bogen**, später bietet sie die Möglichkeit zu einem Abstecher hinauf zur **Villa Hügel** ⑥⑥32.

Der **Hauptweg** nutzt die 230 m lange ehemalige Eisenbahnbrücke der Ruhrtalbahn Heisingen – Kupferdreh, um gleich zu Beginn des Stausees die Ruhr

Variante

Nordufer des Baldeneysees

Länge der Variante: 9 km

Eine attraktive Variante zum Südufer führt entlang des Nordufers im Süden der Ruhrschlinge zunächst durch das **Vogelschutzgebiet Heisinger Bogen**. Unter Schutz steht ein Teil der Wasserfläche und des Uferbereiches an der Südspitze der Heisinger Halbinsel, es gibt Reste eines Erlenbruchwalds und regelmäßig überflutete Auwaldreste. Viele Zugvögel rasten hier, dazu eine große Kolonie an Graureihern, manchmal auch Kormorane. Mit Glück sieht man auch den bunten Eisvogel. Nach 4,5 km entlang des Seeufers wird

Schloss Baldeney erreicht. Aus einer mittelalterlichen Wasserburg hervorgegangen besteht die Anlage heute aus einem Haupthaus, einer Kapelle und einem Wirtschaftsgebäude. Der aus dem 14./15. Jh. stammende Wohnturm hat drei Geschosse.

Wer an einem Sommertag Lust auf einen Nachmittag am Strand hat, biegt zum See ab und genießt im **Seaside Beach Baldeney** karibische Atmosphäre. Der 250 m lange und 35 m breite Strand wurde mit 5.000 Tonnen feinstem Sand aufgeschüttet, über 100

Palmen und eine Cocktailbar in einem gestrandeten Segelboot sorgen für sauerländisches „Südsee"-Feeling. www.seaside-beach-baldeney.de

Nach 1,5 km besteht links die Möglichkeit, unter der Bahnlinie hindurch in den Hügelpark und weiter zur **Villa Hügel** zu fahren. Wieder zurück am Nordufer hält man sich links und quert am Baldeneysee-Stauwehr den See. Dort trifft man wieder auf die Hauptroute entlang des Hardenbergufers.

Ehemalige Eisenbahnbrücke
Kupferdreh

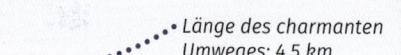

Länge des charmanten Umweges: 4,5 km

66 32 Villa Hügel
Prunkvolle Residenz über dem Baldeneysee

Die schlossartige Villa Hügel im Essener Stadtteil Bredeney wurde 1870–1873 von Alfred Krupp als Wohn- und Repräsentationshaus für die Industriellenfamilie errichtet. Die Villa hat unglaubliche 269 Räume, verteilt auf 8.100 m² und wurde an einem der schönsten Plätze an der Ruhr hoch über dem Ruhrtal und dem Stausee inmitten des sogenannten Hügelparks errichtet. Der letzte der Dynastie der hier wohnte war Alfred Krupp von Bohlen und Halbach, der Krupp 1943 übernommen hatte. 1945 von der amerikanischen Besatzungsmacht beschlagnahmt, wurde der Gebäudekomplex 1952 an die Familie zurückgegeben und ein Jahr später von dieser der Öffentlichkeit zugänglich gemacht. Heute finden hier hoch über dem Stausee Veranstaltungen wie Konzerte oder Ausstellungen statt, außerdem können im Haupthaus die offiziellen Gesellschaftsräume (darunter die früheren Empfangssalons, der Speisesaal und die Bibliothek) und im „Kleinen Haus" die Historische Ausstellung Krupp besichtigt werden. www.villahuegel.de

zu queren. Hier im Essener Stadtteil Kupferdreh liegt das **Museumsensemble Kulturlandschaft Deilbachtal** unweit des Alten Kupferdreher Bahnhofs. Eine Lore am Radweg erinnert an das alte Bergwerk Zeche Prinz Heinrich (heute Gewerbegebiet).

Entlang des **Hardenbergufers** wird die Ruhrschleife ausgefahren, dicht begleitet von den Gleisen der **Museumsbahn Hespertalbahn**, auf denen historische Züge zwischen dem Alten Bahnhof Kupferdreh und Haus Scheppen am Stausee pendeln. Zwischen dem Radweg am

Kulturlandschaft Deilbachtal

Ein Blick in die Geschichte

Der Deilbach, ein 20 km langer linker Zufluss der Ruhr, entspringt bei Wuppertal im Bergischen Land und mündet an der Ostspitze des Baldeneysees in die Ruhr. Schon im Mittelalter wurden am Deilbach viele Wassermühlen gebaut – eine frühe Form der industriellen Verarbeitung begann. Da Kohle und Erze oberflächennah lagen und einfach abzubauen waren, entwickelten sich hier neben Zechen kleine Werkstätten, die Eisen- und Kupferprodukte herstellten, auch mehrere Ziegeleien wurden gebaut. Die Kupferhütten erklären auch den heutigen Namen des Essener Stadtteils Kupferdreh.

Einen (industriellen) Aufschwung nahm das Deilbachtal durch die Schiffbarmachung der Ruhr im 18. Jh. und der Eröffnung der Eisenbahnstrecke nach Wuppertal 1831. An die damalige Zeit erinnern zahlreiche Denkmäler aus der frühindustriellen Zeit, sie können zum Teil besichtigt werden, z. B. auf einem zweistündigen Rundwanderweg.

Dabei lässt sich auch der Übergang von einer bäuerlichen zu einer postindustriellen Landschaft nachvollziehen: Zu sehen sind der erstmals im 13. Jh. erwähnte **Deilmann'sche Bauernhof** mit der Deiler Mühle und dem Deilbachhammer, der um 1550 gebaute Kupferhammer, einstige Meilerplätze zur Herstellung von Holzkohle, Objekte des Steinkohlenbergbaus, Reste einer Ringofenziegelei, das Aufstauwehr eines ehemaligen Steinkohlekraftwerks, ein geologischer Aufschluss mit Pflanzenabdrücken aus der Karbonzeit sowie bauliche Reste der ersten Eisenbahn Deutschlands, der von Friedrich Harkort initiierten Prinz-Wilhelm-Pferdebahn von 1831.

In **Kupferdreh** lohnt zudem das **Mineralien-Museum** im alten Schulgebäude (Kupferdreher Straße 141–143) einen Besuch – gezeigt werden Meteoriten, Kristalle, Mineralien, Gesteine und Fossilien.

www.ruhrmuseum.de/
aussenstellen/kultur-
landschaft-deilbachtal/

www.ruhrgebiet-
industriekultur.de/
deilbachtal.html

Ufer und dem westlichen Ende der Museumsbahnstrecke schiebt sich die parallel zum Ufer erstreckende Halde Pörtingsiepen der gleichnamigen Zeche. Die Abraumhalde ist etwa 20 m (bis max. 73 m) höher als die Umgebung, die steile Böschung zieht sich links des Radwegs hoch zur Bahn.

Haus Scheppen – ein ehemaliger, adliger Lehnhof der Abtei Werden – war im Mittelalter ein befestigter Hof an der Mündung des Hesperbachs in die Ruhr. Seit dem Aufstauen der Ruhr hat die Anlage eher den Charakter eines Wasserschlosses. Die komplett von Wasser umflossene Ruinenanlage ist frei zugänglich, im Nordostflügel befindet sich ein Restaurant, Boote ankern in den alten Wassergräben. Auch die Ausflugsschiffe legen hier an, viele Besucher spazieren weiter zur Bahnstation der historischen Hespertalbahn.

Am gegenüberliegenden Ufer ragt der Förderturm der seit 1973 stillgelegten **Zeche Carl Funke** aus dem Wald. Vorbei an Campingplätzen und dem Hafen des Essener Yacht Clubs folgt der Radweg weiterhin autofrei dem Südufer – immer mit Blick auf die **Villa**

Hügel  auf der gegenüberliegenden Seeseite. An Tagen mit gutem Wind ist der See voller Segelboote, die für zusätzliche Urlaubsstimmung sorgen. Mit dem Erreichen des **Haus am See** (Einkehrmöglichkeit) beginnt der s-förmige Stausee

🧳 *Wissenswertes* im Gepäck

Hespertalbahn

Unter Dampf entlang der Ruhr

Ein beliebtes Ausflugsziel am Südufer des Baldeneysees ist die zwischen dem alten Bahnhof Kupferdreher und der Ausweich- und Rangierstelle beim Haus Scheppen fahrende Museumsbahn. Die Strecke ist mit 3,3 km nicht wirklich lang, doch der Zug braucht dennoch an dem Steilhang mit verwinkelten Seitentälern fast 25 Minuten.

Ein Vergnügen für beide Seiten: Die Fahrgäste genießen den Blick über den Stausee, Wanderer und Radfahrer einen ungeahnt nahen Blick auf die nostalgischen Zuggarnituren mit Dampflock. Info zu den Betriebstagen und Fahrpläne finden sich auf der Homepage.
www.hespertalbahn.de

wieder schmäler werdend. Nach dem Anleger der Weißen Flotte bietet sich am Stauwehr die erste Möglichkeit, ans andere Ufer zu wechseln und hinauf zur **Villa Hügel** 🚲32 zu radeln.

Der offizielle Radweg verläuft weiter am Südufer und geht auf Höhe der Brehminsel (eine natürliche Insel im Fluss und heute Naherholungsgebiet) in die Heckstraße in Werden über. Der Essener Stadtteil **Werden** bietet mehrere kulturelle Sehenswürdigkeiten, die alle in der Heckstraße liegen: Zunächst passiert man links die Sankt-Lucius-Kirche, die älteste Pfarrkirche nördlich der Alpen, dann folgt rechts das Haus Heck (ursprünglich ein adliger Wohnbau, Rundturm aus dem 11. Jh.), dann wieder links die Evangelische Kirche Werden. Danach biegt der offizielle Radweg nach rechts ab, es lohnt sich aber, geradeaus zur Klosterkirche der ehemaligen Benediktinerabtei, der **Basilika Sankt Ludgerus**, weiterzufahren. Sie zählt zu den bedeutendsten spätromanischen

Schifffahrt auf der Ruhr

Ein historischer Rückblick

Zwischen 1774 und 1780 wurden insgesamt 16 Schleusen an der Ruhr zwischen Ruhrort und Langschede gebaut. Das geschah vor allem auf Drängen des preußischen Königs Friedrich II. von Preußen, der die Ruhr bis Holzwickede schiffbar machen wollte. Wegen der vielen flachen und steilen Abschnitte war der Bau von Schleusen erforderlich, für den Bau des Leinpfades wiederum benötigte man Grundstücke entlang der Ruhr, die man nicht so ohne Weiteres bekam.

Transportiert wurde vor allem Steinkohle, aber auch Salz aus der Saline Königsborn, Getreide sowie andere Güter aus dem Ruhrtal und den Nachbartälern. Die dafür eingesetzten Plattboden-schiffe (Ruhraaken) waren 34 bis 35 m lang, 5 m breit und hatten einen Tiefgang von lediglich 0,8 m.

Die historischen Schleusen besaßen dementsprechend eine genormte Kammerlänge von etwa 44,5 m und eine Breite von etwa 5,4 m. 1860 wurde mit den Ruhraaken 867.734 Tonnen Steinkohle nach Duisburg verschifft. Doch schon bald verloren die Schleusen an wirtschaftlicher Bedeutung, denn ab 1860 übernahm die Ruhrtaleisenbahn einen großen Teil der Transporte auf der Ruhr, die damals der meistbefahrene Fluss Europas war.

Heute ist die Ruhr von der Rheinmündung bis zum Ruhr-Kilometer 41,6 („Zornige Ameise in Essen-Rellinghausen") für motorisierte Fahrzeuge schiffbar. Bis zum Ruhr-Kilometer 12,208 (Schlossbrücke in Mülheim/Ruhr) ist die Ruhr zur Bundeswasserstraße ausgebaut, auf der auch Berufsschifffahrt stattfindet.

Auf den fünf Ruhrstauseen in Witten und vom Baldeneysee bis nach Mülheim/Ruhr fahren heute Ausflugsschiffe.

Kirchen des Rheinlands; Baubeginn war im 9. Jh.

In Werden wechselt der Radweg ans Nordufer und wird durch die Freizeitanlage im Löwental geführt. Sehenswert ist an ihrem Ende die **Papiermühlenschleuse**. Das hübsche Schleusenhaus kann nicht besichtigt werden, wohl aber die wieder freigelegte Schleusenkammer, die rekonstruierte Klappbrücke und die Schleusentore. Errichtet wurde die Papiermühlenschleuse 1777. Bis Anfang der 1950er Jahre wurde die Schleuse aktiv betrieben, erst der Kettwiger Stausee machte sie überflüssig: Da sich dadurch der Wasserstand um

rund 2 m erhöhte, hatten die Schiffe nun eine ausreichende Wassertiefe.

Deutlich ruhiger als entlang des Baldeneysees ist es auf der Weiterfahrt auf dem alten **Leinpfad**. Dass man sich hier so unmittelbar südlich des dicht bebauten Ruhrgebiets befindet, ist hier kaum vorstellbar – genau das macht aber auch den Charme des Radwegs aus. Kurz vor Kettwig verengt sich das Ruhrtal. Auch deshalb wurde hier die **Turmhügelburg Luttelnau** (eine sog. Motte) erbaut, von der jedoch nur der Wohnturm, der Kattenturm (13. Jh.), erhalten blieb.

Nach der Engstelle weitet sich die Ruhr zwar ein bisschen, aber nur so gering,

Highlights am Wegesrand 33

Kettwig

Durch die Gassen auf Zeitreise

Für Freunde historischer Fachwerkarchitektur ist die **Altstadt von Kettwig** sicher einer der Höhepunkte entlang des Radwegs. Bis vor 220 Jahren gehörte der Ort zur nahe gelegenen Reichsabtei Abtei Werden, 1857 erhielt Kettwig die Stadtrechte, wurde aber knapp 120 Jahre später nach Essen eingemeindet. Von Zerstörungen im Zweiten Weltkrieg verschont geblieben, begeistert die historische Altstadt mit ihrer Architektur und der Lage in der Ruhrschleife.

Die Ruhr teilt Kettwig in zwei Hälften: Am Nordufer liegt die Altstadt; da sie von vielen Treppen durchzogen wird, lässt man das Rad am besten an der Ruhrbrücke stehen. Die Ruhrstraße leitet zum Tuchmacherplatz am Fuß der Kirchtreppe mit Weberbrunnen und barocken Fachwerkhäusern. Auffallend ist der Zwiebelhelm der klassizistischen Kirche St. Peter. Am Kettwiger Markt gehören die mit Schiefer verkleideten Bürgerhäuser und die Marktkirche mit einem Turm aus dem 13. Jh. zu den beliebtesten Fotomotiven der Stadt. Den Bürgermeister-Fiedler-Platz säumen klassizistische Bürgerhäuser und das Rathaus im Gebäude einer ehemaligen Tuchfabrik.

Links der Ruhr liegt **Kettwig vor der Brücke**, es ist älter als die Kettwiger Altstadt. Früher gab es hier eine Furt, über die man bei Niedrigwasser die Uferseite wechseln konnte. Eine erste Ruhrbrücke wird erst um 1282 erwähnt. Ein hübsches Fachwerkhaus ist das Alte Zollhaus aus dem 17. Jh., in dem sich heute ein Restaurant befindet. Noch immer funktionsfähig ist die Rindersberger Mühle aus dem 15. Jh., mit ihrem Wasserrad wurde die Kornmühle am Rinderbach angetrieben. www.kettwig.eu

kann man auch weiter dem rechten Ruhrufer bis Mülheim/Ruhr folgen.

Für die **Hauptroute** geht es nun über die Ruhrbrücke, die seit 1950 über der Schleuse und dem Laufwasserkraftwerk geführt wird, in den Ortsteil **Kettwig vor der Brücke**. Dort leitet der Mintarder Weg aus dem Ort hinaus ins **Naturschutzgebiet Untere Kettwiger Ruhraue**. Hinter dem **Schlosshotel Hugenpoet** führt ein Stichweg zum Fluss hinunter. Die wenigsten werden sich die Übernachtung im Schlosshotel leisten können, aber ein Blick auf die von Gräften umflossene Anlage aus dem 17. Jh. lohnt sich allemal. Zum Schlosshotel gelangt man über die erste und zweite Vorburg, die jeweils durch einen Wassergraben voneinander getrennt sind.

dass kaum einem auffällt, dass man nun am westlichsten der sechs Ruhr-Stauseen entlangfährt. Auch der **Kettwiger Stausee** dient der Flussklärung durch biologische Selbstreinigung, das Stauwehr hinter der Kettwiger Brücke staut die Ruhr insgesamt 6,2 m hoch. Nach der Umfahrung des Ruhrbogens rückt die imposante Stahlfachwerkbrücke (Bahnbrücke) ins Blickfeld. Der Radweg verläuft auf dem Promenadenweg unter der Brücke hindurch.

Rechts liegt die hübsche Altstadt von **Kettwig** ⊙33. Der schönste Eingang in die Altstadt ist die alte **Steinbrücke über den Mühlengraben** – dafür gleich nach der Straßenbrücke rechts abzweigen. Die Altstadt ist in weiten Teilen Fußgängerzone. Als Variante zum Hauptweg, der am Südufer verläuft,

Geradeaus geht es durch das stille Fachwerkdorf **Mintard**, das mit seiner Dorfkirche im Zentrum am Fuß des 116 m hohen Mintarder Bergs liegt. Hier beginnt schon das Stadtgebiet von Mülheim an der Ruhr. Allgegenwärtig in Mintard ist die 65 m hohe **Mintarder Ruhrtalbrücke**, über die die A 52 zwischen Essen und Düsseldorf geführt wird. Sie ist mit ihren 1,8 km die längste Stahlbrücke in Deutschland und wurde auf insgesamt 18 Pfeilern errichtet.

Der Radweg führt nun abseits der Ruhr vorbei an Pferdekoppeln (hier gibt es gleich mehrere Pferdehöfe) und Feldern durch die **Saarn-Mendener Ruhrauen**, vorbei am Klosterort Saarn, das südlich der Mendener Brücke über die Ruhrauen liegt. Die ehemalige Zisterzienserinnenabtei ist eines der wenigen

Blick auf Ruhr und
Essen Kettwig

Mülheim an der Ruhr

Die Ruhr wird zum Stadtfluss

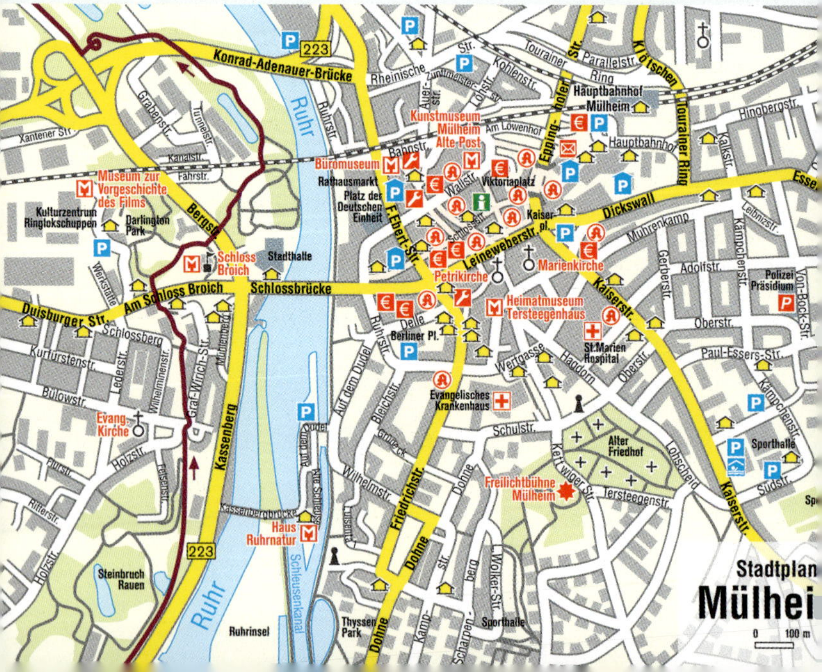

Mülheim ist die einzige Stadt, durch die die Ruhr fließt – es sind 14 km durch eine einzigartige grüne Park- und Auenlandschaft. Damit ist der Fluss ein beliebtes Erholungs- und Freizeitgebiet für Wassersportler, Spaziergänger und Radfahrer – nur 4 % des Ruhrufers sind bebaut. Der anlässlich der Landesgartenschau 1992 angelegte **MüGa-Park** zwischen der Schloßbrücke und dem Stadt-Viadukt der ehemaligen Rheinischen Bahn ist das grüne Erholungs- und Freizeitzentrum der Stadt – mit Themengärten, Pavillon, Spielplätzen und weiteren Attraktionen. Vor der Landesgartenschau befanden sich hier Industriebrachen, ein Schrottplatz und alte Bahnanlagen der Unteren Ruhrtalbahn – alles wurde zurückgebaut. An die

ehemalige Nutzung erinnern nur noch der Ringlokschuppen und der Broicher Wasserturm.

Die **Altstadt am Kirchenhügel** liegt am gegenüberliegenden Ruhrufer. Hier führen zahlreiche Stufen hinauf zur Petrikirche, laden enge Altstadtgassen mit sanierten Fachwerkhäusern zum Bummeln ein. Doch die Stadt hat auch noch ein anderes Gesicht: Jugendstilfassaden und Gründerzeitbauten zieren ganze Straßenzüge und spiegeln den Wohlstand der Stadt wider, in der sich von der Industriellen Revolution bis in die 1960er Jahre alles um Stahl, Kohle und Leder

drehte; zu den bedeutendsten Unternehmen zählten damals der Thyssen-Konzern und das Unternehmen Stinnes.

Die Keimzelle der Stadt liegt aber auf der linken Seite der Ruhr: Mit dem Bau von **Schloss Broich** begann die Geschichte der Stadt. Denn hier durchquerte der Hellweg die Ruhr, zu seinem Schutz entstand 883/884 die Karolingerfestung. Ab dem 12. Jh. baute man sie zu einer der mächtigsten Burgen im Rheinland aus. Heute zählt das Schloss mit seinem karolingischen Teilen zu den ältesten erhaltenen Wehrbauten nördlich der Alpen. Im

Schloss befindet sich das **Historische Museum** der Stadt.

Ein Magnet für Freunde moderner Kunst ist das **Kunstmuseum** mit Kunstwerken der Klassischen Moderne und internationaler Kunst, es hat seine Räumlichkeiten im denkmalgeschützten Gebäude der Alten Post.

In einem alten **Wasserturm** unweit des Ringlokschuppens wurde die größte begehbare **Camera obscura** der Welt eingerichtet – mit spannenden Aus- und Einblicken in die Stadt. Im Turm befindet sich auch das **Museum zur Vorgeschichte**

des Films, das sich u. a. der Frage widmet, „wie die Bilder laufen lernten?"

Ein weiteres interessantes Museum ist das **Haus Ruhrnatur** an der Alten Schleuse – seine Schwerpunktthemen sind das Wasser, das Klima und regenerative Energien. Dort, wo sich im Ringlokschuppen einst die Dampflokomotiven drehten, dreht sich heute alles um Kunst – sowohl auf der Drehscheibe (Open-Air-Bühne) als auch im Kulturzentrum selbst.

Der idyllisch auf der Schleuseninsel gelegene **Wasserbahnhof Mülheim** ist die Hauptanlegestelle der Weißen Flotte, deren Ausflugsschiffe von hier stromaufwärts nach Kettwig fahren.

Der Ruhrtalradweg führt im gesamten Stadtgebiet über einige Brücken, die zum Teil ungewöhnlich, durchaus spektakulär und manches Mal auch einfach nur überraschend sind.

www.muelheim-ruhr.de

mittelalterlichen Frauenkonvente des Rheinlands und Westfalens, das die napoleonische Säkularisationswelle überlebt hat. Nach der Mendener Brücke verläuft der Radweg am Wasser entlang auf dem Kahlenbergweg – wer die Variante am rechten Ufer gefahren ist, stößt hier wieder auf den offiziellen Radweg. Nach der Eisvogelbrücke über den Rest eines Altarms geht es auf dem **Saarner Auenweg** vorbei an mehreren Sportanlagen zur Brücke über die B 223 in den Mülheimer Stadtteil **Broich**. Am Steinbruch Rauen vorbei wird der Radweg auf dem **Fossilienweg** geführt, der auf einer alten Bahntrasse der Unteren Ruhrtalbahn angelegt wurde und durch einen Grüngürtel in den Schlosspark von **Schloss Broich** leitet. Über die Schloßbrücke ist es nicht weit in die historische Altstadt von **Mülheim/Ruhr** 34 am Kirchenhügel.

Unweit von Schloss Broich beginnt die **MüGa – Mülheims Garten auf der linken Seite der Ruhr** und die „grüne Lunge" der Stadt. Auf der rechten Ruhrseite liegen die neue Ruhrpromenade mit dem Stadthafen, das Historische Rathaus und die Altstadt. Insgesamt ist die weitläufige Grünanlage über 7 km lang, konzipiert wurde sie als Teil der Landesgartenschau 1992 auf einem ehemaligen Bahngelände. Regelmäßig finden hier kulturelle Veranstaltungen statt.

Schlussspurt zum Rhein
Vom Schloss Broich geht es durch das MÜGA-Parkgelände stadtauswärts, nach der Konrad-Adenauer-Brücke quert der Radweg auf der **Styrumer Brücke** (Blaue Brücke) die Ruhr und

führt entlang der Westseite des Mülheimer Stadtteils Styrum zu einem der Wahrzeichen der Region, dem 50 m hohe Wasserturm mit dem **Aquarius Wassermuseum** . Gleich daneben steht **Schloss Styrum** – das Barockschloss war lange Zeit die Residenz von August Thyssen. Vorbei am Naturbad Styrum, Mülheims größtem Freibad, und dem Ruhrstadion – beide liegen eingeklemmt zwischen Autobahn und den Bahngleisen – ist nach der Bahnunterquerung der Oberhauser Vorort Alstaden erreicht. Rechts der Solbadstraße liegt die

Aquarius Wassermuseum
Ein ungewöhnliches Museum

Gläserne, futuristische Fahrstühle transportieren die Besucher auf die oberen Ebenen des 50 m hohen Turms. Dort bietet sich ein herrliches Panorama auf die Flusslandschaft an der Unteren Ruhr. Ein faszinierender Ort für ein multimediales Museum, in dem sich alles um das Thema Wasser dreht: Auf 14 Ebenen erhalten die Besucher an 30 Stationen eine Fülle an Informationen und können

mit einer Chipkarte auf Filme, Spiele und Computersimulationen zugreifen.

Wie wäre es beispielsweise mit einer Abenteuerreise durch das Ruhrtal mit dem Ruhrmobil? Kräftig in die Pedale tretend beginnt die virtuelle Reise von der Mündung bis zur Quelle.

Tel. +49 208 4433-390
www.aquarius-
wassermuseum.de

Lohnenswerte Schlenker

Länge des charmanten Umweges: 4,5 km

Entlang des Weges

🚲36 Landschaftspark Duisburg
Stadtpark der Superlative

Der Landschaftspark Duisburg-Nord ist eine faszinierende Verbindung von Industriekultur, Natur und abendlichem Lichtspektakel – und bietet eine Fülle an ungewöhnlichen Erlebnissen rund um ein stillgelegtes Hüttenwerk.

Zu Hochzeiten produzierten in dem 1901 gegründeten Werk insgesamt fünf Hochöfen über einen Zeitraum von 84 Jahren 37 Millionen Tonnen Spezialroheisen – als Vorprodukt für die Weiterverarbeitung in den Thyssen'schen Stahlwerken. Ab 1968 wurden zwei Hochöfen abgerissen, zwei weitere 1982 stillgelegt und der erst 1973 erbaute Hochofen 5 nach nur 13 Jahren Betrieb 1985 wieder stillgelegt.

Die Gesamtanlage wurde von Landschaftsarchitekten umgestaltet und umgewidmet – der Landschaftspark zählt heute zu den zehn spektakulärsten Landschaftsparks weltweit.

Hochofen 5 wurde bis zur Spitze begehbar gemacht und bietet einen fantastischen Blick über Duisburg bis hin zum Düsseldorfer Fernsehturm. Im **Gasometer**, inzwischen ein anerkanntes Tauchzentrum, wird getaucht. Für Kletterer gibt es neben dem alpinen **Klettergarten** und dem **Höhenkletterparcours** noch einen Parcours der Superlative: die „**Expedition Stahl**". Hier bewegt man sich nicht in Bäumen, sondern in einem ehemaligen Hüttenwerk in bis zu 50 m Höhe. Vorbei an eindrucksvollen Eisen- und Stahlkonstruktionen, über schwankende Brücken, wacklige Planken und auf abenteuerlichen Seilkonstruktionen verläuft der Parcours zwischen Hochöfen, Gasometer und Erzbunkertaschen. Die Tour ist bei jedem Wetter möglich, da die Anlage weitgehend überdacht ist; auch in der Dunkelheit ist sie zugänglich.

Im **Besucherzentrum** kann man sich für Führungen anmelden. Allabendlich werden die Industrieanlagen durch farbige Beleuchtung eindrucksvoll in Szene gesetzt. Ein unvergessliches Erlebnis!

www.landschaftspark.de

Zeche Alstaden, wo man 1872 beim Abbau von Steinkohle auf 26 °C warme, solehaltige Quellen stieß, die nach genauer Analyse zu den jodreichsten Deutschlands zählen. Auf dem Zechengelände eröffnete das Solbad, in dem vor allem Kinder mit Hautkrankheiten behandelt wurden, 1909 zog es in den Nachbarort Speldorf in Mülheim um. Unmittelbar hinter der Eisenbahnbrücke erinnert rechts die Solbadhalde an die Zeit des Bergbaus.

Nun folgt der Radweg der letzten Ruhrschleife zum Binnenhafen von Duisburg – am nördlichsten Punkt lädt ein **Panorama-Rastplatz** die Radler zu einer Pause ein. Entlang der Ruhrwiesen, unter der Autobahnbrücke hindurch ins Stadtgebiet von Duisburg und vorbei am Tauchcenter Nullzeit folgt nun ein landschaftlich schöner Abschnitt entlang des **Rhein-Herne-Kanals**. Lohnenswert ist der hier beginnende Schlen-

ker zum **Landschaftspark Duisburg Nord** 🚲36, der auf dem Gelände des stillgelegten Hüttenwerks in Duisburg-Meiderich entstanden ist. Ziel der Planer war es, die industriellen Strukturen über Gärten, Terrassen, Treppen, Landmarken oder Zeichen zu verbinden – heute zählt der Landschaftspark zu den Top Ten der Stadtparks weltweit.

Der offizielle Radweg quert den **Verbindungskanal** zwischen Rhein-Herne-Kanal und Ruhr auf einer Brücke, die einer Miniaturausgabe der Fehmarn-Sundbrücke gleicht. Sie führt auf eine schmale Insel zur **Schleuse Meidrich**. Hier geht der Rhein-Herne-Kanal in den Hafenkanal und den Duisburger Binnenhafen über.

Zwischen dem Hafen Ruhrort zur Rechten und der Ruhr zur Linken radelt man auf der Landzunge Richtung Westen – allerdings nur bis zur **Ruhrschleuse**

Park Flair zwischen Industriekultur

Duisburger Hafen

Fernweh ist vorprogrammiert

Duisburg zählt mit seinen Flüssen, den zahlreichen Seen (u. a. die Sechs-Seen-Platte) und Kanälen zu den wasserreichsten Städten in Deutschland.

Der **Duisburger Hafen** gilt mit einer Gesamtfläche von 10 km² als der größte Binnenhafen Europas – als Logistikstandort ist er international von großer Bedeutung. In Summe umfasst das Hafengelände zwischen Ruhrort und Rheinhausen 21 öffentliche Hafenbecken mit 40 km Uferlänge. Das Ruhrgebiet bietet mit seinen zahlreichen Wasserwegen und einem gut ausgebauten Straßen- und Schienennetz hervorragende Möglichkeiten, Güter optimal zu verfrachten und zu transportieren.

Schon zu Römerzeiten war der Rhein ein bedeutender Transportweg; es gab Transportschiffe, die bereits mehr als 100 Tonnen Fracht laden konnten, sie wurden gerudert oder von Segeln angetrieben. 883 kamen ungebetene Gäste über die Nordsee und den Rhein – die Wikinger plünderten den Hafenort, der damals mit dem Rheinhafen, einem Markt und Königshof einer der bedeutendsten Handelsplätze des Rheinlandes war.

Zur Zeit des frühen Bergbaus wurde die Kohle über die Ruhr auf Lastkähnen (Aaken) nach Duisburg transportiert. Mit zunehmender wirtschaftlicher Bedeutung und Abbaumenge wurden die bestehenden Hafenanlagen zu

klein und man begann mit dem Bau neuer Hafenbecken. Das Ruhrgebiet entwickelte sich zum industriellen Zentrum Deutschlands, es gab nun Dampfschiffe und Eisenbahnen, sodass man beim Bau des Nord- und Südhafens schon Gleisanschlüsse legte. Die Duisburger am Südufer sahen die wirtschaftliche Entwicklung im Ruhrorter Hafens naturgemäß mit gemischten Gefühlen, wollten logischerweise auch am Geschäft mit der Kohle mitverdienen. So bauten sie Außen- und Innenhafen, Parallelhafen und Hafenanlagen am Hochfelder Rheinufer. Darauf reagierten die Ruhrorter mit dem Bau der großen Hafenbecken A, B und C um die Jahrhundertwende. Da bald klar wurde, dass dieser Wettkampf

zwischen der Stadt Duisburg südlich der Ruhr und dem Land Preußen als Eigentümerin des Ruhrorter Hafens nördlich der Ruhr langfristig beiden Parteien schaden würden, einigte man sich auf die Gründung der „Duisburg-Ruhrorter Häfen AG", an der Preußen mit zwei Dritteln und Duisburg mit einem Drittel der Aktien beteiligt waren.

Die Bombardierungen im Zweiten Weltkrieg zerstörten große Teile der Hafeninfrastruktur, über 300 Schiffe lagen versenkt im Hafenbecken. Mit dem einhergehenden Strukturwandel in den Nachkriegsjahren wurden die Hafenanlagen umgebaut, erste Anlegestellen für Tankschiffe und die „Ölinsel" für Tanklager gebaut. 1983 nahm das erste Containerterminal den Betrieb auf, heute gibt es acht Container-Terminals. www.duisport.de

Der **Duisburger Innenhafen**, der bis Ende der 1960er-Jahre vor allem ein wichtiger Getreideumschlagplatz war, wurde ab den 1990er Jahren unter Federführung von Sir Norman Foster komplett umgestaltet. Heute ist er mit seinen Promenaden, Yachthafen, Museen in umgebauten alten Speichergebäuden, Gastronomie und Parks mit lauschigen Grachten eine der Hauptsehenswürdigkeiten Duisburgs und einer der Ankerpunkte der **Route der Industriekultur**. An der neu gestalteten Steiger Schwanentorbrücke starten die **Hafenrundfahrten**. Zu den **Museen** im Innenhafen gehören das Kultur- und Stadthistorische Museum Duisburg, das MKM-Museum Küppersmühle für Moderne Kunst und das Explorado Kindermuseum. Neben Hafenrundfahrten gibt es zahlreiche weitere Führungen, u. a. eine Architektur- und eine Hafenführung. www.hafenrundfahrt-duisburg.de www.duisburg.de

letzte Ruhrschleuse wurde gebaut, um den Wasserspiegel der Ruhr regulieren zu können und die Ruhr vor landeinwärts drückendem Rheinhochwasser zu schützen. Am Ruhrdeich entlang geht es zum Ruhrorter Kreisel, wo nach rechts die Oberbürgermeister-Lehr-Brücke abzweigt – ihr Stahlbogen stammt von der Hohenzollernbrücke in Köln.

Duisburg – sie ist die letzte an der Ruhr vor der Mündung in den Rhein. Hier quert der Radweg erneut den Verbindungskanal und mit dem Ruhrwehr ein letztes Mal auch die Ruhr. Diese aller-

Die monumentale **Stele Rheinorange** bei Rheinkilometer 780 markiert das **Ende des Radwegs**. Die 1992 an der Ruhrmündung aufgestellte Stahlskulptur ist 25 m hoch, 7 m breit und 1 m tief – ihr Name „Rheinorange" bezieht sich auf den gewählten Farbton RAL 2004, genannt Rheinorange.

Stadtplan
Duisburg

Von der Stele geht es zurück zum Ruhrorter Kreisel. Offiziell endet der Radweg am Bahnhof Duisburg-Ruhrort – auf dem Weg vorbei am **Zollamt Ruhrort** zum **Duisburger Hafen** 37 gewinnt man einen kleinen Eindruck vom turbulenten Hafengeschehen. Ein letztes Mal folgt der Radweg dem Wasser – in diesem Fall dem rechten Ufer des Vinckekanals, quert eine Ausbuchtung des Rheins und endet wenige Meter nach dem **Museum der Deutschen Binnenschifffahrt** 38 am **Bahnhof Duisburg-Ruhrort.**

Alternativ kann man die Tour auch am **Duisburger Hauptbahnhof** beenden. Auf dem Weg vom Innenhafen zum Bahnhof kommt man praktischerweise an den wichtigsten Sehenswürdigkeiten der Stadt vorbei. Zu den Wahr-

zeichen der ehemaligen Reichsstadt zählt die neugotisch restaurierte Salvatorkirche, in der der Geograf Gerhard Mercator – Erfinder des kartografischen „Atlas" – begraben liegt. Die Duisburger Museumslandschaft hat einen hervorragenden Ruf: Zu den bekanntesten zählt das **Wilhelm-Lehmbruck-Museum** am Immanuel-Kant-Park. Es hat als Zentrum internationaler Skulptur einen überregionalen Ruf. Wilhelm Lehmbruck zählt zu den bedeutendsten Bildhauern der Moderne. An den Platz grenzen auch das **Epona-Kunsthaus** und die **Cubus-Kunsthalle.** Ein einzigartiges Erlebnis garantiert auch das **„Museum DKM – Linien Stiller Schönheit"** unweit des Hauptbahnhofs: Die sinnlich arrangierten Räume präsentieren auf einzigartige Weise 5.000 Jahre Kunst- und Kulturgeschichte.

Museum der Deutschen Binnenschifffahrt

Vom Alltag der Binnenschiffer

Das Schifffahrtsmuseum ist das größte und umfassendste Museum seiner Art – im Mittelpunkt steht die wechselvolle Geschichte der Binnenschifffahrt. Neben den eigentlichen Exponaten begeistern auch die Räumlichkeiten, befindet sich das Museum doch in einem originalgetreu restaurierten Jugendstil-Hallenbad, das direkt am größten Binnenhafen Europas und am Rhein liegt.

Im einstigen Schwimmbecken liegt ein Lastensegler von 1913 unter vollen Segeln. Der begehbare Nachbau eines Binnenschiffes zeigt zudem, wie an Bord gelebt und gearbeitet wurde.

Der Bogen wird von der Steinzeit bis in die Gegenwart gespannt – verteilt über drei Etagen gibt es detailgetreu nachgebaute Modelle und viele Exponate rund um die Binnenschifffahrt.

Freilichtmuseum

Ebenso spannend sind die drei **Museumsschiffe**, die 10 Minuten vom Museum entfernt am **Leinpfad an der Schifferbörse** liegen. Dazu gehört der 1922 gebaute Radschleppdampfer „Oscar Huber", der alleine bis zu sieben antriebslose Frachtkähne ziehen konnte. Der Eimerkettendampfbagger „Minden" von 1882 hielt bis in die 1970er Jahre die Fahrrinne der Weser frei. Das Kranschiff „Fendel 147" (1922) diente als Bunkerboot für Bootekohle. Besucher können Wohn-, Mannschafts- und Maschinenräume besichtigen und bekommen so einen Einblick in den Alltag eines Binnenschiffers.

www.binnenschifffahrtsmuseum.de

Essen, Trinken & Durchatmen

Ein kulinarischer Abzweig

Tango am Baldeneysee
Küche: *Imbiss-Kiosk*
Spezialität: *Currywurst*
Preis: *günstig*
Übernachtungsmöglichkeit: *nein*

Tango am Baldeneysee
Freiherr-von-Stein-Straße 385
45133 Essen
Tel. +49 201 75979670
www.baldeneysee.ruhr/
tango-am-baldeneysee

The Hungry Poet
Küche: *international*
Spezialität: *Burger mit 100% Bio-Rindfleisch*
Preis: *mittel*
Übernachtungsmöglichkeit: *nein*

The Hungry Poet
Goetheplatz 7 45468 Mülheim
an der Ruhr
Tel. +49 208 88365610
https://the-hungry-poet.de

Der
Ruhrtalradweg

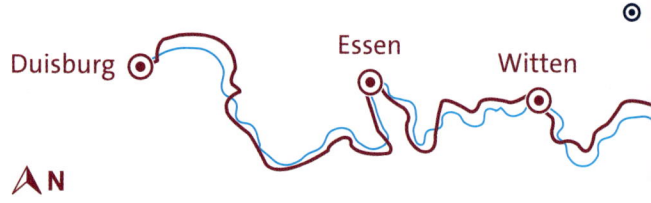

Duisburg

Essen

Witten

N

Düsseldorf

Mönchen-
gladbach

hwerte

Arnsberg

Olsberg

Winterberg

Teil 2
Roadbook

1 *Abstecher zum Kahlen Asten (Ges. 10,6 km): Vom Bahnhof rechts in die Bahnhofstraße, nach 350 m → rechts in die Straße „Am Alten Garten", nach 270 m links in die Straße „Im Hohlen Seifen" → rechts in die Straße „Am Waltenberg" bis zur Bundesstraße → links und parallel zur Bundesstraße geradeaus → in einer Linkskurve rechts ab und an den Parkplätzen vorbei der Hochsauerland Höhenstraße für 800 m folgen →rechts ab auf den Rothaarsteig zum Gipfel und zum Astenturm. Zurück auf gleichem Weg zum Bahnhof.*

Start

1 In Winterberg mit dem Bahnhof im Rücken links in die Bahnhofstraße und vor zur Kreuzung → rechts in die Jakobusstraße → beim Schild „Ruhrquelle" leicht rechts auf eine Teerstraße und dem Rothaarsteig folgen → am Waldrand geradeaus → bei einer Schutzhütte schräg links in den Wald, weiter auf dem Rothaarsteig → an der Kreuzung rechts, dann links und nochmals links zur Ruhrquelle (alternativ an der Kreuzung direkt zur Ruhrquelle fahren – es sind rund 100 m).

2 Von der Quelle zurück zum Radweg → links am Waldrand dem Forstweg folgen → an der Weggabelung links, dann rechts und geradeaus zur Ruhrquellenhütte → links für wenige Meter auf der B 480 Richtung Winterberg, die B 480 queren und auf einem Forstweg (Ruhrhöhenweg) entlang der Felder talwärts fahren→ über den Berkelbach und geradeaus zum Camping Vossmecke, rechts am Platz und der Gaststätte Pfeffermühle vorbei und geradeaus talwärts zur Kartbahn Winterberg-Niedersfeld. Links an der Kartbahn vorbei und auf der Straße „Auf der Hütte" nach Niedersfeld.

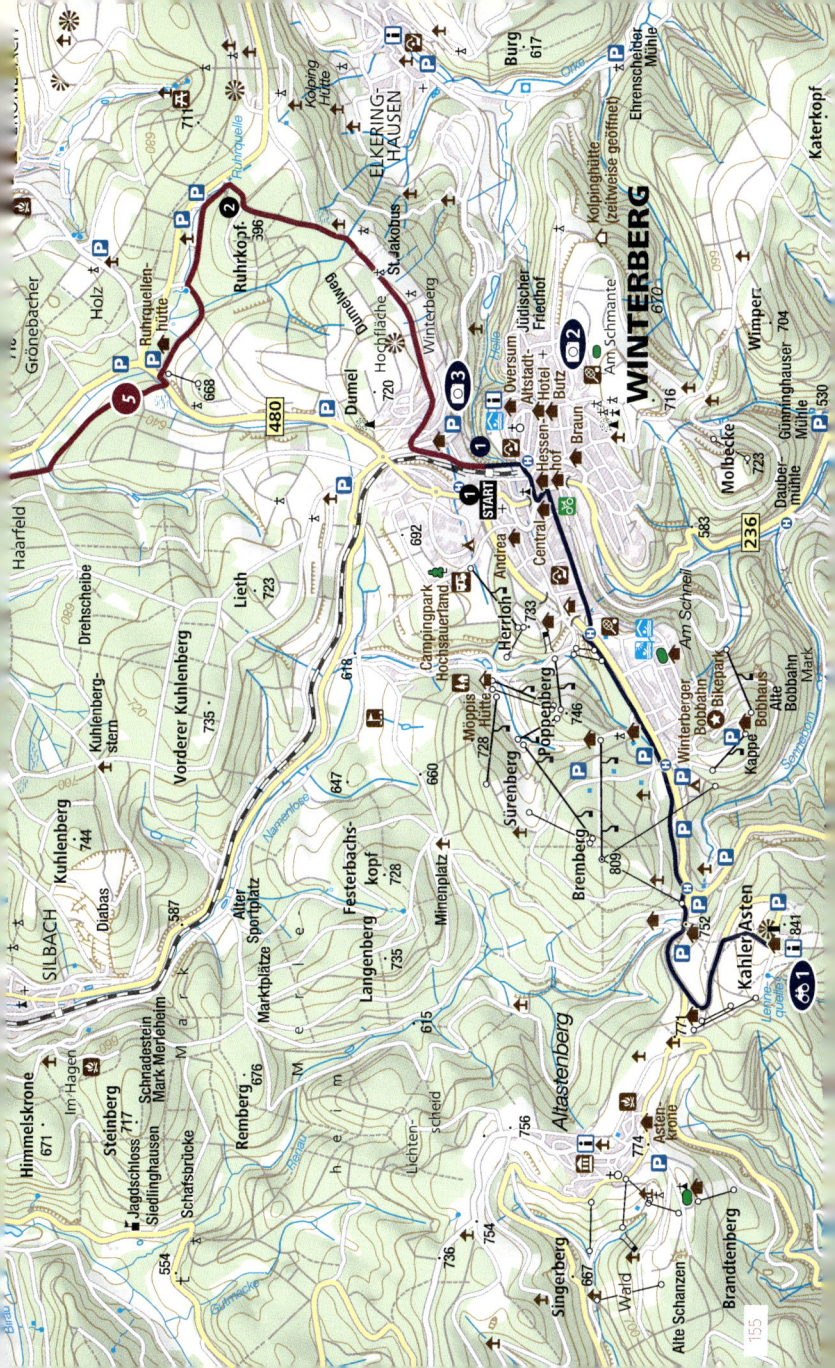

3 Vor der B 480 links in die Straße „Am Studenbusch" und bergauf → nach 300 m geradeaus in die Hangstraße „Am Ellenberg" → an der T-Kreuzung rechts in die Straße „Im Huxhol".

4 Gleich scharf links in die Straße „In der Stammecke" → in der Linkskurve rechts weiter auf der Straße „In der Stammecke", am Sägewerk vorbei → vor der B 480 links in die Straße „Im Stein", an der Kläranlage vorbei geradeaus und am Schluss in einem Rechtsbogen vor zur B 480; die Bundesstraße queren. (Variante: Links ohne Steigungen auf dem Radweg entlang der B 480 nach Assinghausen fahren.)

5 Nach der Querung der B 480 rechts und beim Haus Wildenstein gleich links auf den Asphaltweg „Alte Landstraße" in den Wald. Im Hang für 1,5 km auf der „Alten Landstraße" zum oberen Ortsrand von Wiemeringhausen, rechts an den Häusern vorbei und schräg links auf dem Asphaltweg „Zum Küsterland" zur Küsterland-kapelle am Eingang von Assinghausen. Von dort weiter zur zur T-Kreuzung Bruchhauser Straße (Schlenker nach Bruchhausen).

1 *Schlenker nach Bruchhausen (ges. 11,2 km):* Rechts in die Bruch-hauser Straße (später Hochsauerlandstraße) und der Straße für 2,7 km folgen. In Bruchhausen nach der Linkskurve rechts in den Kapellenweg und links zum Wasserschloss → links weiter die Straße bergauf zum Infocenter Bruchhauser Steine (Parkplatz).

2 Zu Fuß zu den Bruchhauser Steinen → auf gleichem Weg zurück.

Start

❶ Bei der Olsberg-Touristik auf der Holzbrücke die Ruhr queren → links auf dem Uferweg durch den Park, an der Sauerlandtherme vorbei → weiter auf der Nebenstraße „In den dichten Weiden" → über die Kreuzung (Stadionstraße) in die Sackgasse „Unter'm Hagen" und auf dieser die Stadt verlassen.

❷ Nach dem Heiligenhäuschen rechts hinauf zur Straße „Steinkleffhütte" → dort rechts, unter der Bahn hindurch auf der Straße „Dorfwiese" zur B 480 (Schlenker nach Antfeld).

❶ *Schlenker nach Antfeld (ges. 2 km):* Rechts auf der Straße „Dorfwiese" hinauf nach Antfeld, auf gleichem Weg zurück.

→ die B 7 / B 480 queren → links auf den Radweg → unter der Bahnbrücke, später der Talbrücke Bermecke hindurch, zwischen Gleisen und Bundesstraße 480 (ab Nuttlar B 7) zum Besucherbergwerk Schieferbau Nuttlar.

❸ Auf dem Radweg parallel zur B 7 durch Nuttlar, über die Ruhrbrücke und weiter entlang der B 7 ins Ortszentrum von Bestwig.

❹ Nach der Querung der Valme zweigt nach links (Heringhauser Straße) der Weg zum Besucherbergwerk Ramsbeck ab.

❶ *Schlenker zum Besucherbergwerk Ramsbeck (ges. 12 km):* Links auf die Heringhauser Straße (L 776), auf dieser über Heringhausen nach Ramsbeck zum Bergbaumuseum; auf gleichem Weg zurück.

❻ Links in die Bruchhauser Straße, weiter auf der Grimmestraße, die einen Rechts-, dann Linksbogen macht → vor der B 480 rechts in die Straße „Vockelied" → auf dem Radweg parallel zur B 480.

❼ Nach 150 m über die Bundesstraße und Ruhr → links auf einem Feldweg zum Sägewerk → rechts, im Wald steiler bergab, dann Links- und Rechtskurve → Brücke über die Neger, dann rechts zur Straße und links über die Bahn und kurz die Straße aufwärts.

❽ Scharf rechts auf den Asphaltweg, steil hinauf und oberhalb der Gleise auf dem Radweg weiter. Unter der B 480 hindurch und auf der Talstraße weiter den Gleisen folgen → nach dem Sportzentrum rechts und nochmals rechts, die Bahngleise queren → dann rechts vor zum Ufer des Stausees Olsberg → links und gleich wieder links in die Straße „Zum Stausee" → an der T-Kreuzung links in die Ruhrstraße (Schlenker zum Besucherbergwerk Philippstollen) → noch vor der Ruhrbrücke links in den Radweg → weiter zur Olsberg-Touristik (Ruhrstraße 32).

❶ *Schlenker zum Besucherbergwerk Philippstollen (ges. 6 km):* An der T-Kreuzung rechts, über die Ruhr und vor zum Kreisverkehr → 2. Ausfahrt (Bahnhofstraße) vor zum Kreisverkehr → 1. Ausfahrt Hüttenstraße, dem Straßenverlauf für 1 km folgen, weiter auf der Gierskopper Straße → links in den Roten Weg, nach 500 m rechts in die Straße „Eisenberg".

❷ Zurück auf gleichem Weg.

Nach dem Bahnhof Bestwig rechts über den Bahnübergang → links in die Ruhrstraße und parallel zu den Bahngleisen nach Westen → links über eine Stegbrücke ans andere Ruhrufer → in einem Linksbogen um einen Spielplatz und durch die Wiesen zur Ruhr (Wehr) → nach 100 m rechts in die Kanalstraße. Für den Schlenker zur Veleda-Höhle links in die Kanalstraße.

❶ *Schlenker zur Veledahöhle (ges. 4,2 km):* An der T-Kreuzung links in die Kanalstraße, über die Ruhr vor zur B 7 → rechts an der B 7 entlang vor bis zum Abzweig Veledastraße.

❷ Links in die Veledastraße, nach 300 m links und zur Halbeswiger Straße.

❸ Auf dieser geradeaus und nach 450 m links und nach 200 m wieder links und vor zur Höhle. Zurück auf dem Hinweg.

❺ Nach dem Gasthof Faske links in den Gepkerweg und auf diesem den Ort verlassen. Unter der Autobahnzubringerbrücke hindurch → nach dem Wasserkraftwerk links zum Rastplatz Gepketal → danach rechts → vor der Autobahn links und immer geradeaus bis zum Lingscheiderweg (Schlenker nach Eversberg)

❶ *Schlenker nach Eversberg (ges. 4,4 km):* Dort, wo der Radweg vor einem Gebäude nach links abbiegt, geradeaus zum Lingscheiderweg und dem Straßenverlauf bergauf nach Eversberg folgen, weiter auf der Straße „Neuer Weg".

❷ Im Ort nach 450 m rechts in die Mittelstraße und vor zur Johannes-Kirche. Für den Rückweg südlich um die Kirche fahren und auf der Weststraße zurück zur Straße „Neuer Weg" → links auf bekanntem Weg zurück zum Radweg.

❻ Dem Radweg links zur Vorfahrtsstraße folgen →wenige Meter nach links, die Straße queren → links abbiegen und vor zur Straße „Unter der Helle" → rechts abbiegen und dem Verlauf der Straße folgen. Nach dem Mustergarten rechts entlang der Bahnlinie, dann schräg rechts in den Ort → links in die Straße „Am Schützenplatz", vor zur T-Kreuzung → rechts und an der nächsten Kreuzung links in den Birmecker Weg, aus dem Ort und über die Felder → nach der St.-Josefs-Kapelle vor den Gebäuden links zu den Gleisen und parallel zur Bahn zum Ortseingang von Meschede.

❼ Links über die Bahngeleise und rechts weiter zwischen Ruhr und Gleisen zur Einmündung in die Kolpingstraße → links auf der Kolpingstraße zur Querstraße → auf der rechten Brückenseite über die Ruhr→ am Kreisverkehr rechts in die Fritz-Honsel-Straße → rechts erneut über die Ruhr → an der Kreuzung links in die Le-Puy-Straße → noch vor dem Bahnhof Meschede an der nächsten Kreuzung links in die Brückenstraße und auf der Coventry-Brücke über die Ruhr.

❽ Kurz vor der Arnsberger Straße (B 55) geht es rechts zum Ruhrufer, am Schwimmbad-Parkplatz und dem Bike-Park Meschede vorbei und parallel zur Arnsberger Straße auf der Radspur nach Westen → vor dem Wasserschloss Laer (privat) über die Brücke ans rechte Flussufer, nach dem Holzhandel die Bahnlinie queren → auf der Landstraße (Stockhauser Straße) nach Stockhausen → am Ortseingang wechselt der Radweg die Straßenseite, nun links der Stockhauser Straße nach Wennemen → unter der Autobahnunterführung hindurch geradeaus weiter auf der Bahnhofstraße, vorbei am Bahnhof Freienohl (linker Hand).

❾ Vor der Rechtskurve links auf den Bahnparallelweg, über den Mühlengraben und die Ruhr → rechts am Lnken Ruhrufer entlang zur Durchgangsstraße „Breiter Weg" → kurz links auf dem „Breiter Weg", die Straße queren und rechts in die Nebenstraße „Im Ohl" → dem Straßenverlauf an der Hauptschule und Sportanlagen vorbei zur nächsten Ruhrbrücke folgen → nach der Ruhrbrücke an der ersten Verzweigung links in die Straße „Im Langel" → die nächste Straße rechts und zwischen den Firmengebäuden hindurch (Straßen „Im Langel" und „Auf'm Hahn").

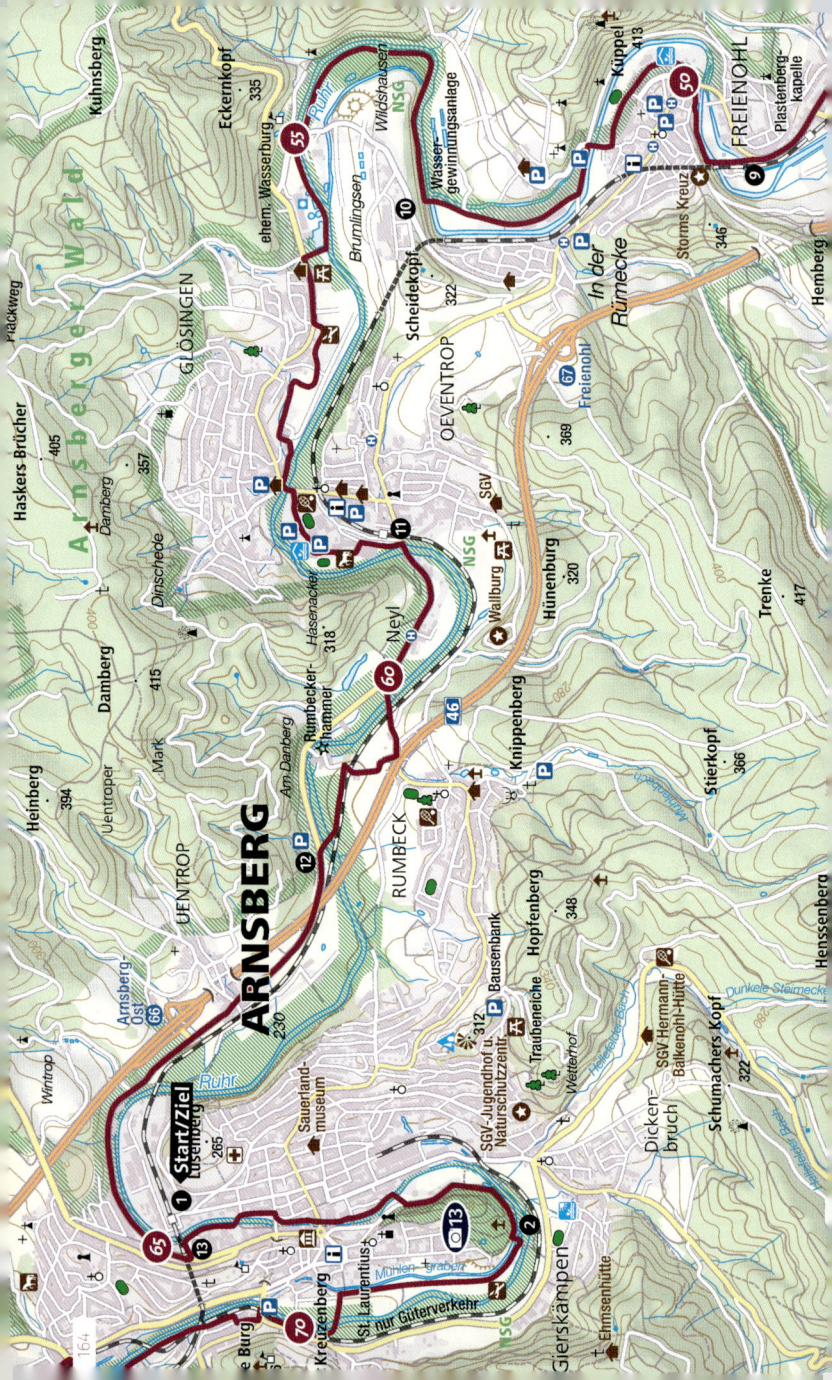

10 Nach der Ruhrbrücke nach rechts und innen die Ruhrschleife ausfahren → nach 800 m rechts über die Ruhr, gleich wieder links und südlich um das Klärwerk herumfahren → links in die Glösinger Straße → bei den ersten Häusern links um die Häuser herum und über die Wiesen zum Luftsport Club → links auf die Straße „Zum Spatzennest" → links über die Ruhrbrücke und noch vor der Schützenhalle links in die Straße „In den Oeren", links am Sportplatz vorbei zur T-Kreuzung → rechts in den Wiedayweg, am Bahnhof Oeventrop vorbei zur Oeventroper Straße.

11 Rechts über die Ruhr und geradeaus auf die Straße „Im Neys" → an der Kreuzung links über die Ruhr → bei der Autobahnbrücke rechts in die Straße „Zum Eisenhammer" → über den Bahnübergang → nach dem ersten Haus links, kurz an der Bahn entlang und dann an der Weggabelung rechts über die Ruhr vor zur Landesstraße (Casparistraße).

12 Der Radweg verläuft neben der Landesstraße unter der Autobahn hindurch und auf dem straßenbegleitenden Radweg nach Uentrop. Im Ort auf die rechte Straßenseite wechseln und auf der Casparistraße zum Ortseingang vor Arnsberg (im Ruhrbogen Uentroper Straße); dem Bogen folgen.

13 Links auf dem Steg neben der Eisenbahnbrücke über die Ruhr zum Bahnhof Arnsberg-West fahren.

165

Start

1 Mit dem Bahnhof Arnsberg im Rücken rechts über die Ruhr → links auf den Uferweg entlang der Ruhr → an der Weggabelung über die Ruhr und rechts auf der Uferstraße dem linken Ufer zum Steg vor der Rundturnhalle folgen → über den Steg und auf dem Radweg durch die Parkanlagen entlang der südlichen Flussschleife.

2 Links auf einer Stegbrücke über den Mühlengraben → vor der Ruhr rechts auf den Forstweg "Auf den Kämpen". Dem Straßenverlauf nach Norden folgen, vorbei am Mariengymnasium, die nächste links über die Ruhr → vor den Bahngleisen rechts in die Straße "An der Jägerbrücke", vor bis zur Jägerbrücke → links über die Bahn und rechts in die Tiergartenstraße → die zweite Straße rechts (Pirschweg) und gleich links in den "Arnsberger Burgweg". Entlang des Uferwegs unter der Bahn hindurch → auf dem Uferweg vor bis zur Straßenbrücke.

3 In einer Schleife auf die Brücke über die Ruhr, an der Ampel links in die Sauerlandstraße, die Gleise queren → auf Höhe des ALDI-Gebäudes links ab zum Wehr, vor dem Gebäude rechts ab und durch die Ruhrwiesen rechts der Ruhr → am Sportplatz rechts in die Straße "Am Hackeland", dem Straßenverlauf um den Fußballplatz folgen und links über die Kettlersbach-Brücke → gleich links auf dem Uferweg neben der Bahn an Bruchhausen vorbei. Unter der Bahnbrücke durch und rechts ab, am Einkaufszentrum vorbei. Nach dem Queren der Arnsberger Straße geradeaus auf der Straße "Am Solepark" zum Freizeitbad Nass. Hinter dem Gelände zweigt nach rechts die Runde zum Möhnetalsperre ab.

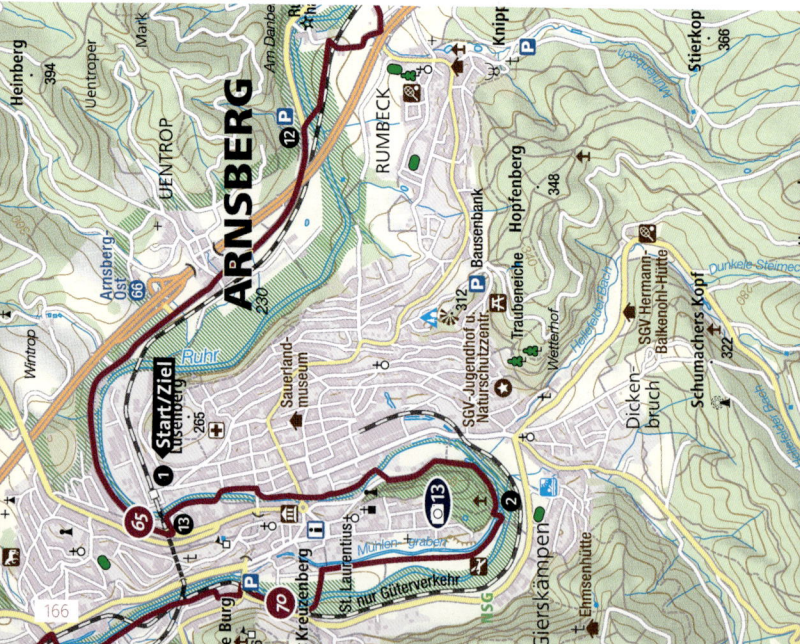

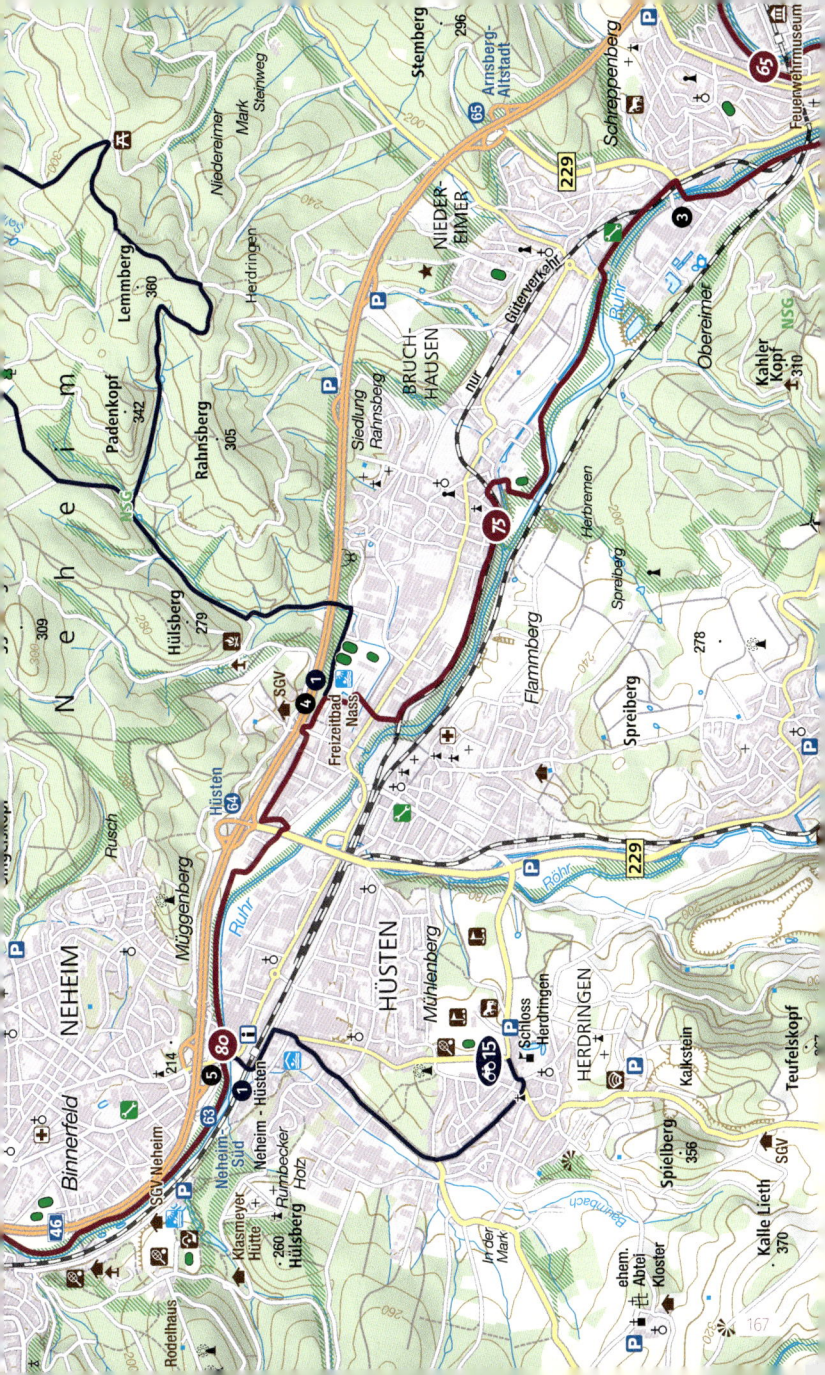

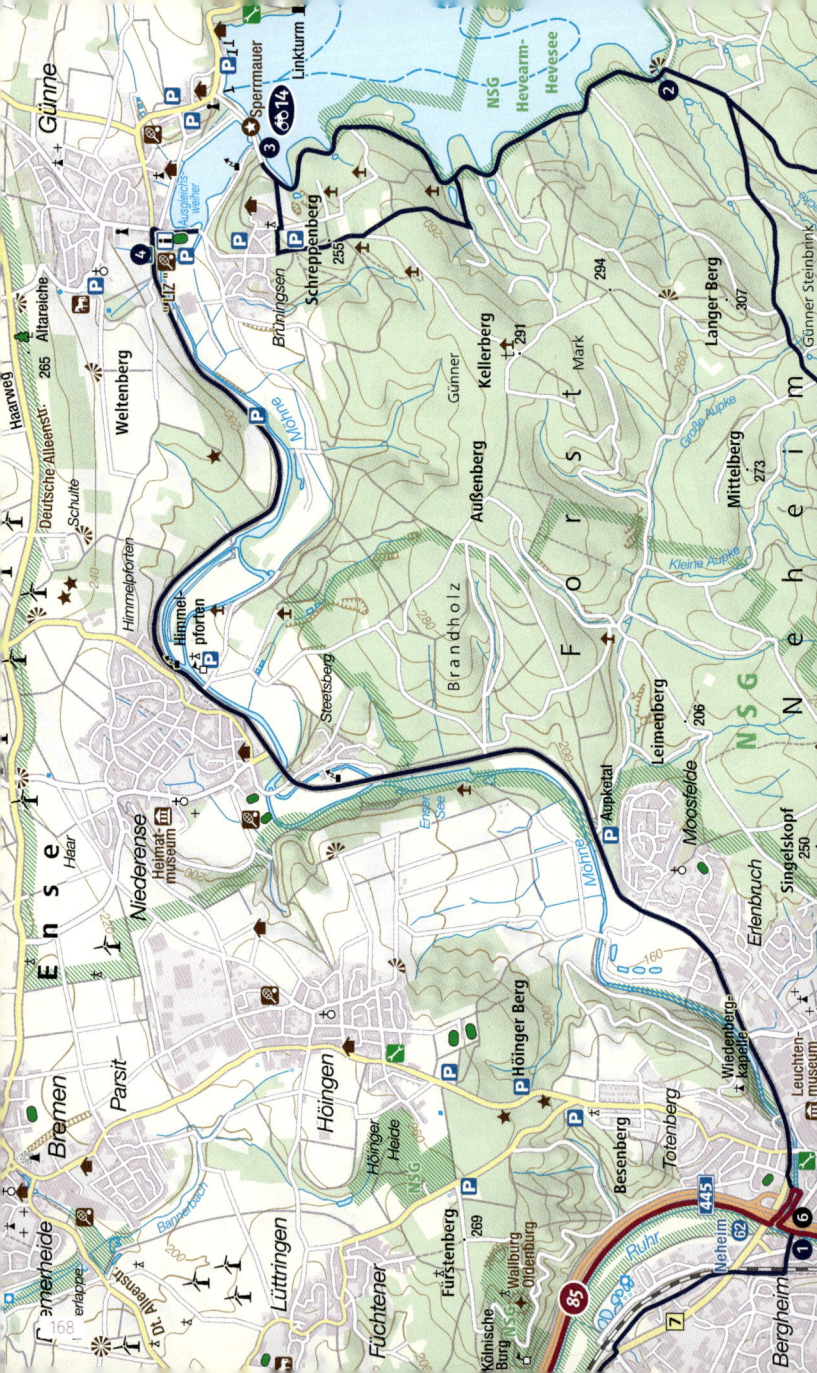

Günne

Altareiche 265

Haarweg

Deutsche Alleenstr.

Schulte

Weltenberg

Himmelpforten

Himmel pforten

Steersberg

Ense

Haar

Niederense

Heimat- museum

Bremen

Parsit

Höingen

Höinger Heide NSG

Lüttringen

Füchtener

Emmerheide

dt. Allenst.

erlappe 168

Fürstenberg 269

Kölnische Burg NSG

Wallburg Oldenburg

P11

Spermauer

Linkturm

Brüningsen

Schreppenberg 255

Ausgleichs weiher

Brandholz

Engel See

Möhne

NSG Hevearm- Hevesee

Günner

Außenberg

Gunner Kellerberg 291

Mark

Kleine Aupke

Große Aupke

Mittelberg 273

Leimenberg 206

Aupketal

Moosfelde

Erlenbruch

Singelskopf

Langer Berg 307

Günner Steinbrink

F o r s t

294

N e h e i m

N S G

Höinger Berg

Besenberg

Totenberg

Wiedenberg- kapelle

Leuchten- museum

Neheim

445

62

Ruhr

85

Bergheim

7

Barperbach

Schlenker zur Möhnetalsperre (insg. 22 km): Rechts nördlich am Freizeitbad vorbei → vor dem Parkplatz links auf der Straße „Eichenkamp", unter der Autobahn hindurch → nach einem Linksbogen rechts in den Hästen-Delcker-Weg → dem Wegverlauf für 4,5 km bis zum Espadweg folgen → vor zum Südlichen Rundweg.

② Auf diesem für 3,6 km vor zur Sperrmauer.

③ Vor der Sperrmauer links abbiegen → rechts in die Straße „Zur Hude"→ rechts in die Straße „Zum Arnsberger Wald" → beim Sportplatz links in die Brüningser Straße und vor zur Möhnestraße.

④ Auf der Möhnestraße dem Radweg nach Neheim folgen.

④ Nach dem Parkplatz links auf den Racweg, die Delecker Straße kreuzen, weiter auf der Straße „Lindenhof", dann „Unterm Brehloh", dem Straßenverlauf im Linksbogen um das Mielewerk herum zur Wagenbergstraße folgen, unter de- B 229 hindurch und der Wagenbergstraße bis zu ihrem Ende folgen. Dort weiter auf dem Radweg zwischen Ruhr (links) und Autobahn. Unter der Ruhrbrücke hindurch (Start des Schlenkers zum Herdringer Schloss).·

Schlenker zum Herdringer Schloss (insg. 6 km): Nach der Ruhrbrücke in einem Bogen auf die Brücke wechseln, die Ruhr queren und nach der Brücke rechts in die Kleinbahnstraße → die Gleise queren und dem Straßenverlauf nach Osten folgen → vor dem Technologiezentrum rechts ab in den „Herdinger Weg", später Telgenweg vor zum Schloss → auf gleichem Weg zurück.

⑤ Nach der Ruhrbrücke am Uferweg entlang bis kurz vor die Möhnemündung in die Ruhr.

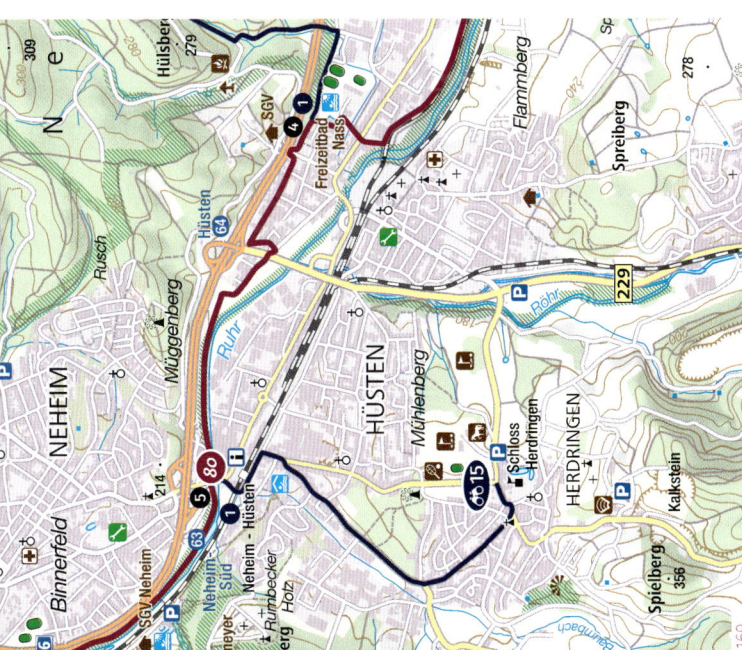

1 *Schlenker zum Schloss Höllinghofen (ges. 9,6 km):* Auf der Mendener Straße die Ruhr queren → links in den Bergheimer Weg, nach den Bahngleisen rechts in die Straße „In der Kuhle" → in der Linksbiegung geradeaus auf der Straße „Im Ohl" bis zur Einmündung in die B 7 → rechts auf die B 7, dieser 1 km folgen → rechts auf Echthauser Straße bis zum Hotel Waldschlösschen → links in die Füchtener Straße → nach den letzten Häusern (links) rechts durch den Wald zum Schloss Höllinghofen.

6 Hier ist gut auf die Markierungen achten! Unter der Autobahn auf einen Forstweg am linken Möhneufer wechseln und kurz ein Stück die Möhne aufwärts zur „Möhnepforte" (Die Altstadt von Neheim mit dem Sauerland-Dom liegt hier nur 2 Minuten entfernt.) → auf einer Stegbrücke die Möhne queren und links dem Uufer folgen → unter der Autobahn hindurch zur Ruhr → zwischen Autobahn und Ruhr flussabwärts, immer entlang der Autobahn zum Haus Füchten → links auf die Zufahrtsstraße und links auf der Ruhrbrücke über den Fluss, später über die Gleise. Für die Variante zum Schloss Höllinghofen hält man sich links.

1 *Schlenker über Schloss Höllinghofen nach Wickede (ges. 5,7 km):* Links auf der Landesstraße 1,2 km nach Süden fahren → rechts abbiegen und durch den Wald nach Höllinghofen → links zum Schloss Höllinghofen.

2 Zurück zur Hauptstraße → links vor zur Kreuzung → links in die Straße „Zum Flugplatz" → rechts in die Straße Sägemühle".

3 Nach einer scharfen Rechtskehre auf der Straße „Schwarzer Weg" am Fischteich vorbei der Straße zur Ruhrstraße folgen → links und gleich rechts über die Ruhr zum Hauptweg.

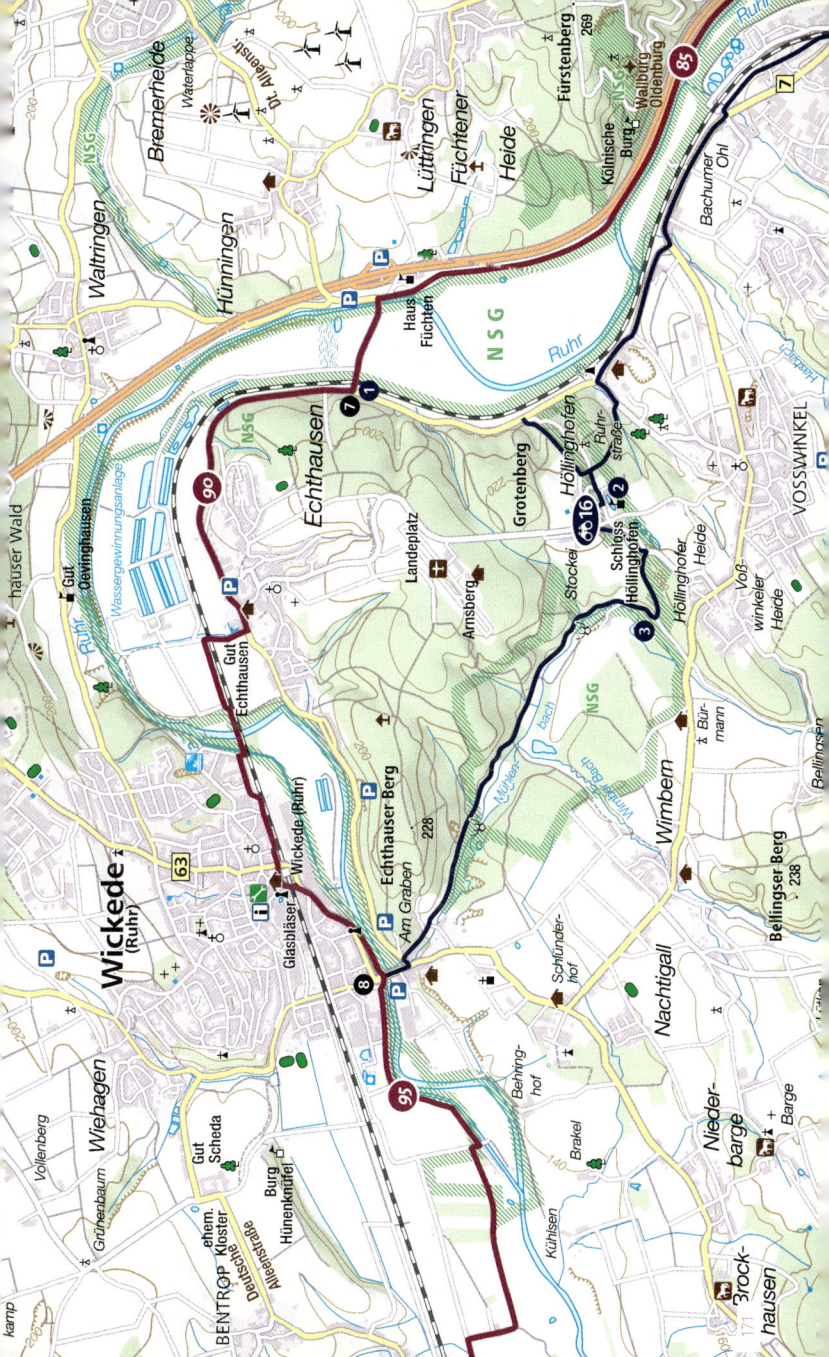

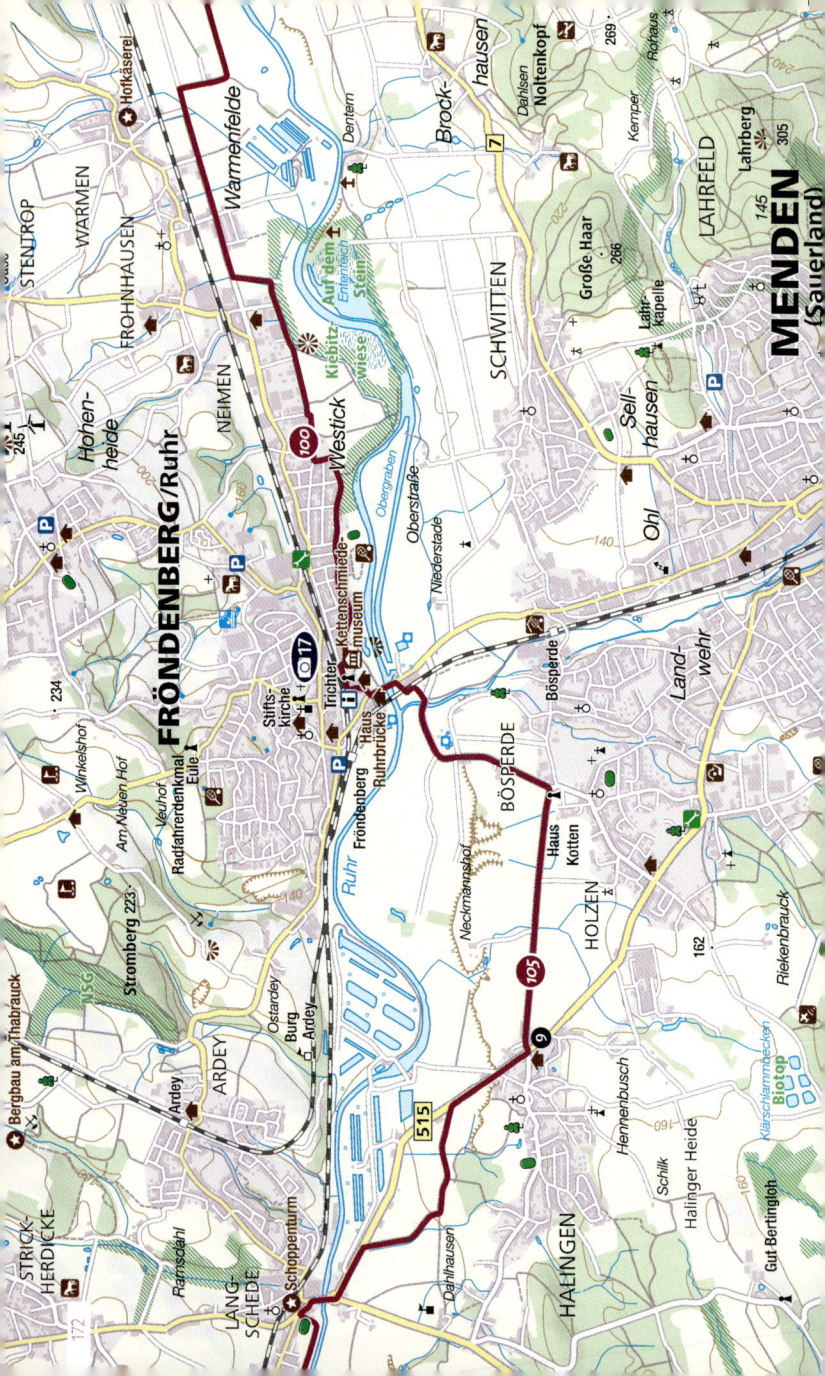

❼ Rechts auf der Landstraße/später Ruhrstraße in einem Bogen um Echthausen → nach dem Haus Echthausen rechts in die Von-Lillen-Straße, über die Gleise → links auf dem Radweg parallel zur Bahn, über die Ruhr, in die Straße „Zum Osterfeld", dem Straßenverlauf zum Bahnhof Wickede folgen → nach dem Bahnhofsgebäude den Kreisel hinauf und auf dem Steg über die Gleise → in Fahrtrichtung entlang der Hauptstraße zur Ruhr und auf dem Uferweg zur Straßenbrücke. Über die Brücke kommend mündet hier die Variante in den Hauptweg ein.

❽ Am Ruhrufer entlang durch die Ruhrauen nach Fröndenberg, in einem Schlenker hoch zur Wickeder Straße, um das Wasserwerk Warmen herum → links in die Hans-Bockler-Straße → rechts in die Werner-von Siemens-Straße, an einem Gewerbegebiet vorbei, dann am Südrand der Bebauung immer der Graf-Adolf-Straße bis zum Westfälischen Kettenschmiedemuseum folgen → danach links in die Bismarckstraße, weiter auf der Ruhrstraße zur Mendener Straße → über die Ruhr und vor der Aral-Tankstelle rechts

und unter der Bahnbrücke hindurch → danach links und dann rechts zur Einmündung des Radwegs in die Heidestraße. Dem Straßenverlauf um das Klärwerk herum nach Süden zum Ortsrand von Holzen folgen → bei der Schule rechts in die Straße „Osterfeld", auf linksseitigem Radweg geradeaus bis zum Halinger Hof.

❾ Die B 515 queren → nach rechts auf den (linksseitigen) Radweg entlang der Bundesstraße abbiegen → nach 600 m links ab in den Grünen Weg, auf diesem in einem Rechtsbogen zurück zum Radweg an der Bundesstraße → beim folgenden Kreisverkehr geradeaus über die Ruhrbrücke → gleich links in die Unnaer Straße → schräg links auf asphaltiertem Radweg entlang der Ruhr, dann dem Radweg nach rechts nach Dellwig folgen → links in den Ohlweg, dann nach 500 m in einem Rechtsbogen in die Hintere Straße bis zu den Gleisen → links auf dem Radweg parallel zu den Gleisen nach Westen. An der Kreuzung Holzwickede (Strommast) beginnt der Schlenker zum Haus Opherdicke und nach Unna.

Schlenker zum Haus Opherdicke und Unna (insg. 22 km): An der Kreuzung Holzwickede rechts in die Ruhrstraße, über die Bahngleise und bergauf auf der Mühlenstraße bis zur T-Kreuzung westlich von Opherdicke → links in die Dorfstraße zum Haus Opherdicke → auf der Dorfstraße zurück bis zur Kleistraße (links Reitverein).

❶ Links auf der Kleistraße bis zu einem Parkplatz → vor diesem rechts in den Buschweg, später Waldstraße → rechts in die Buschstraße → nach der Schule links in die Liedbachstraße vor zur Evangelischen Kirche Billmerich.

❷ An der T-Kreuzung rechts und gleich links in die Billmericher Dorfstraße → links haltend in die Straße „Zur Österwiese“, dieser für 1 km folgen → links weiter auf der Straße „Zur Österwiese“/ Bornekampstraße, unter der Autobahn hindurch und auf der Bornekampstraße durch den Wald zur Bundesstraße, unter dieser hindurch und weiter nach Norden bis zum Freibad Bornekamp.

❸ Am Schwimmbad vorbei zum Südring, über die Radbrücke vor zur Grabengasse → Links in die Grabengasse, dann rechts in die Hertingerstraße vor zum Marktplatz.

❹ Auf gleichem Weg zurück zum Hauptradweg.

❿ Links zur Ruhrbrücke (Schoofs Brücke) → nach dem Kunstwerk rechts ab und zum Fluss und weiter am Biolandhof Ohler Mühle und wenig später dem Biohof Theymann (Lettenhof) → rechts auf den Letteweg → an der Weggabelung rechts auf die Ruhrtalstraße, über die Geisecker Ruhrbrücke.

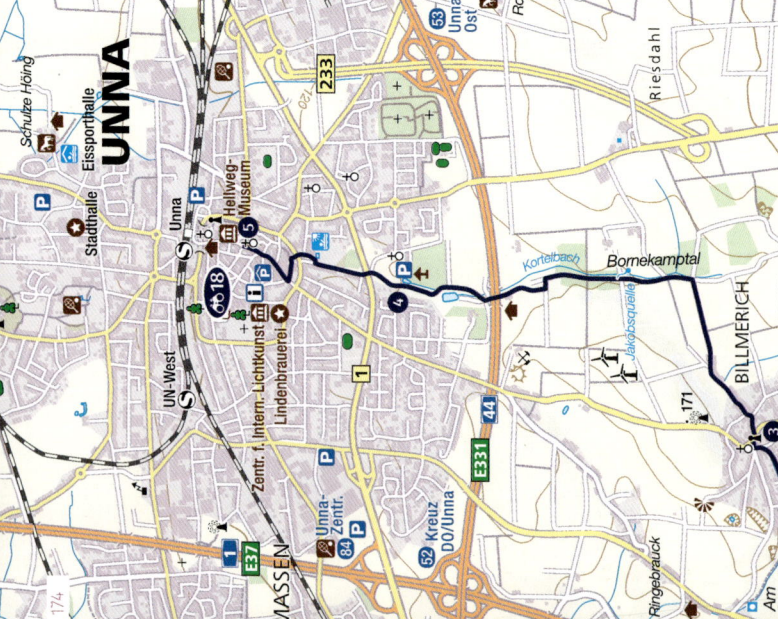

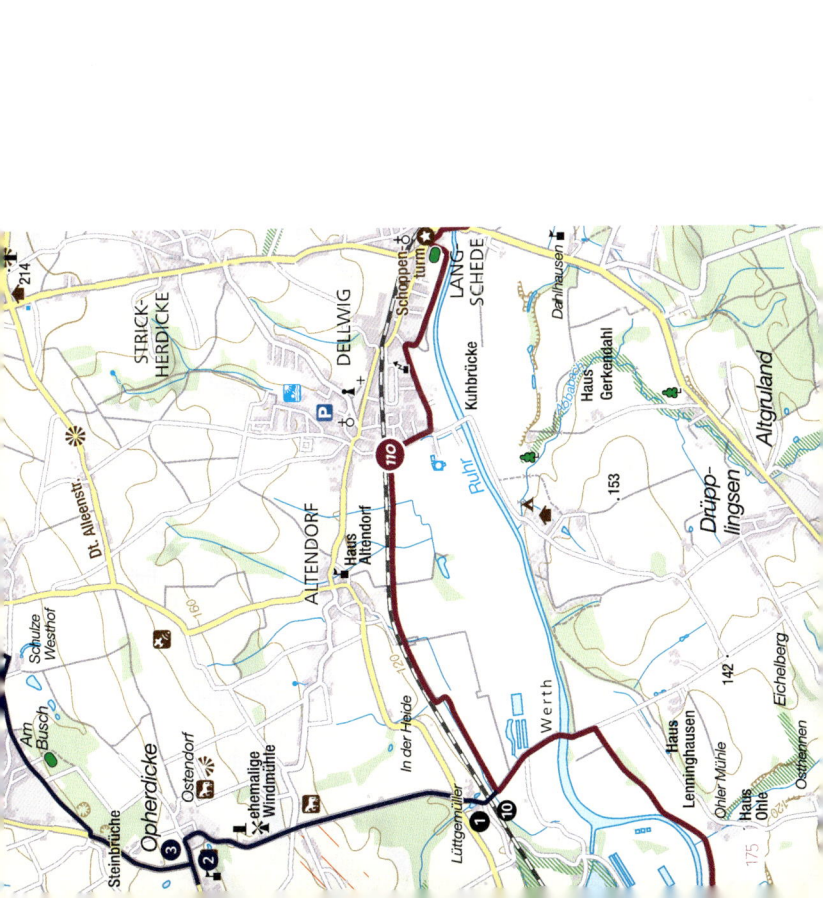

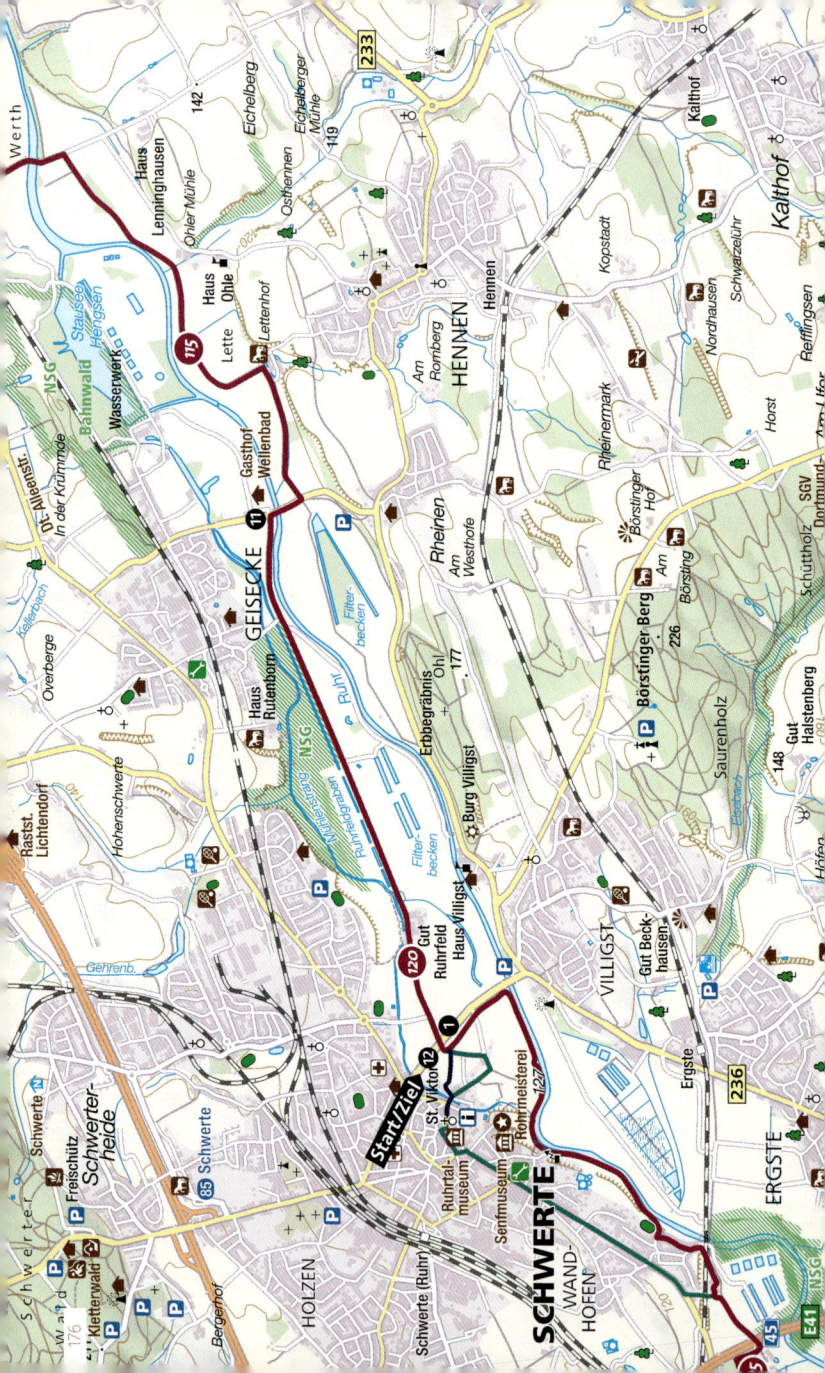

11 Vor dem Gutshof Wellenbad links zunächst parallel zur Ruhr, dann entlang des Ruhrfeldgrabens, südlich an Geisecke vorbei → nördlich um das Gut Ruhrfeld herum und zur B 236, unter der Straßenbrücke hindurch.

12 Hier beginnt die Hochwasserumfahrung Schwerte.

Für die Fahrt ins Zentrum von Schwerte hält man sich nach der Brücke nach rechts zur Kreuzung → links in die Ostenstraße, am Ende links auf der Brückenstraße in die Altstadt Schwerte zum Ruhrtal-museum und zum Marktplatz.

Start

1 Nach der Straßenunterführung (B 236) links Richtung Ruhr → vor dem Fluss rechts entlang der Ruhr 2 km bis zum Sportplatz Wandhofen → südlich am Sportplatz vorbei und rechts zur Straße „Untere Wülle" → links vor zur T-Kreuzung und links in die Violai-nes-Straße → nach dem Haus rechts in die nächste Straße links einbiegen → unter der Eisenbahnbrücke hindurch, danach rechts durch den Wald vor zur Straße „Am Ochsenhügel (Einmündung der Variante über Schwerter Altstadt/Hochwasserumfahrung) → links und unter der Autobahn hindurch, vor den Gebäuden der Ruhrakademie rechts und zweimal links → durch den Wald zum Sportplatz am Ortseingang von Schwerte-Westhofen.

2 Über die Kreuzung geradeaus zur Ruhr → rechts an der Ruhr entlang zur Hagener Straße, an dieser entlang → noch vor dem Pumpwerk rechts unter der Hagener Straße hindurch und an der

Bahn entlang zur Autobahnbahnbrücke → danach gleich rechts unter der Bahn hindurch zur Syburger Dorfstraße. Geradeaus beginnt der Schlenker nach Syburg und zur Burg Hohensyburg.

❸ Nach dem Haus (auf der linken Seite) gleich wieder links vor zur Bahnlinie und an der Bahn entlang zur Ruhr → am Fluss entlang zum Hengsteysee.

❶ *Schlenker nach Syburg:* An der Weggabelung geradeaus auf der Syburger Dorfstraße bergauf zur T-Kreuzung beim Hotel Sunshine Dortmund.

❷ Hinter dem Hotel links in die Hohensyburgstraße und vorbei am Parkplatz Hohensyburg zum Kaiser-Wilhelm-Denkmal. Zu Fuß durch den Park zum Vincketurm und zur Ruine Hohensyburg. Zurück zum Hotel auf gleichem Weg → links in die Vorfahrtsstraße (Hohensyburgstraße) → geradeaus bis zum Hotel Road Stop Dortmund.

❸ Vor dem Hotel links in die Hengsteystraße → auf dieser in Kehren und einer 360-Grad-Schleife hinunter zum Parkplatz am Hengsteysee, wo man auf den Haupt-Radweg trifft. Eine Variante führt nun geradeaus am Nordufer des Hengsteysees entlang.

❹ Links über die Ruhrbrücke ans Südufer → links am Wasser entlang bis zum Laufwasserkraftwerk (z. T. parallel zum Uferweg) → rechts auf der Brücke die Ruhr queren → links am Südrand von Herdecke auf den Radweg auf der Hengsteyseestraße und durch den Park zum Freibad Herdecke. Für den Schlenker über das Wasserschloss Werdringen nach dem Freibad die Auffahrt zur Straßenbrücke über die Ruhr nehmen.

❶ *Schlenker zum Wasserschloss Werdringen:* Nach dem Freibad rechts hinauf zur Brücke/B 54, auf dem Radweg über die Brücke und anschließend von der Brücke abfahren, rechts ab und vor zur T-Kreuzung → rechts auf die Vorfahrtsstraße, unter dem Viadukt in einem Bogen hindurch, im Osten und Süden um die Kläranlage herum, dann links und gleich rechts, am Waldrand entlang → links in den Wald, vor zu einer Querstraße, dort links halten und vor zum Wasserschloss Werdringen.

❷ Weiterfahrt nach Wetter: Auf der Zufahrtsstraße nach Süden zur Brockauser Straße, rechts vor zur Kreuzung → links zu einer weiteren T-Kreuzung.

❸ Links und rechts um das Asphaltwerk in die Westpreußenstraße, dem Straßenverlauf entlang der Gleise zur Einmündung in die Weststraße folgen.

❹ Rechts in die Weststraße und über die Ruhrbrücke nach Wetter. Von der Brücke auf den Radweg abfahren.

❺ Vom Freibad unter der Straßenbrücke hindurch an der Ruhr entlang zur Marina → links in den Seeweg, unter dem Ruhr-Viadukt hindurch → auf dem Seeweg entlang des Nordufers zur Minigolfanlage (Abzweig zur Burg Wetter und Harkortturm).

❶ *Schlenker zur Burg Wetter und zum Harkortturm:* Nach der Minigolfanlage rechts auf die Kaiserstraße wechseln, links und dem Straßenverlauf bergauf bis zur Burg → rechts auf der Straße „Im Kirchspiel" zur Burg und weiter zur Burgstraße.

❷ Rechts in die Burgstraße und links in die Kaiserstraße → die Kaiserstraße queren und schräg links in die Wolfgang-Reuter-Straße, später Sunderweg → im Linksbogen rechts zum Aussichtsturm.

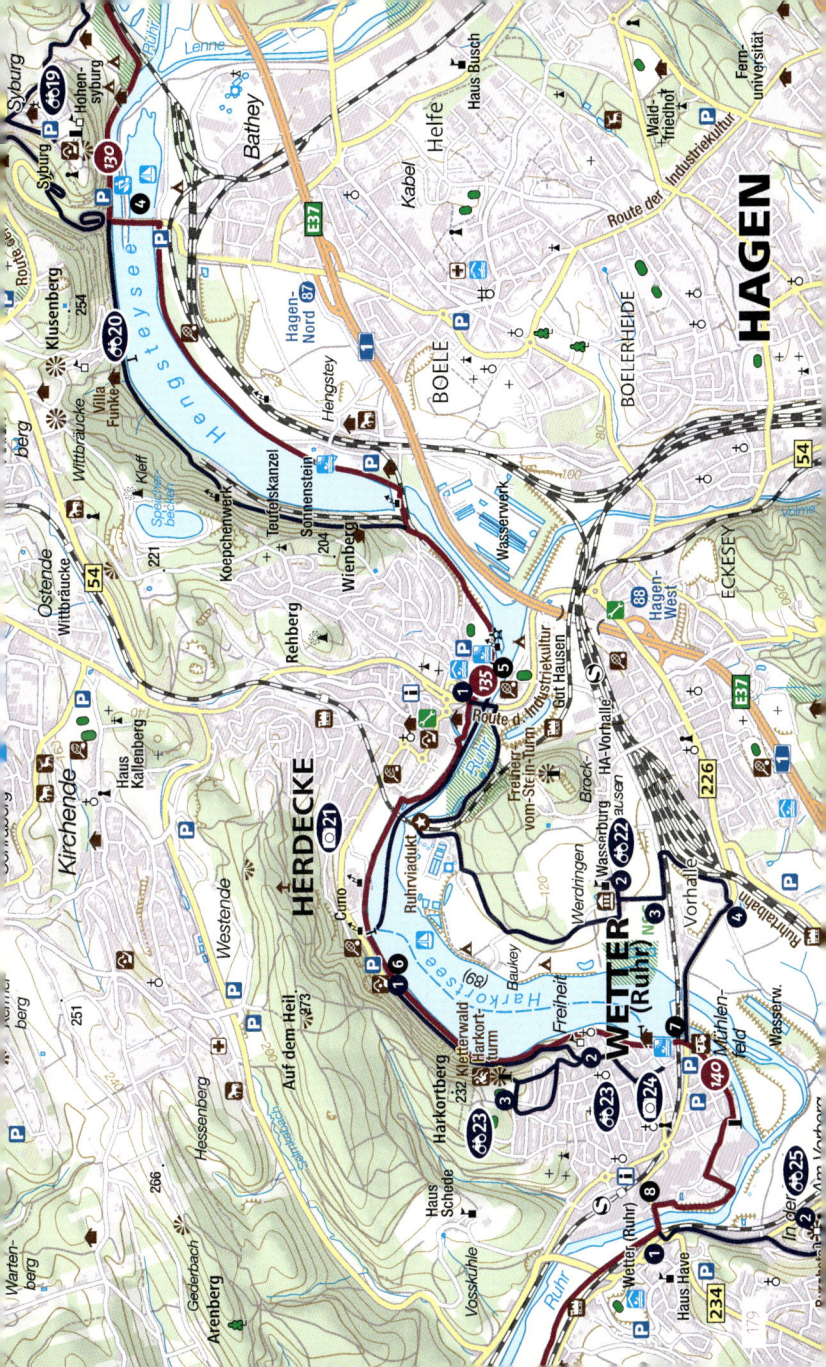

3 Auf gleichem Weg zurück zum Sunderweg → rechts dem Sunderweg/Wolfgang-Reuter-Straße bergab zur Kaiserstraße folgen → rechts in die Kaiserstraße → links in die Wilhelmstraße und auf dieser bis zum Radweg bleiben.

6 Von der Minigolfanlage am Ufer entlang (Strandweg) zum Kanu Club Wetter (hier zweigt rechts ein Fußweg hinauf zur Burg Wetter) und weiter dem Ufer folgen.

7 Unter der Straßen- und Bahnbrücke hindurch (hier mündet der Schlenker über Schloss Werdringen wieder ein) und auf der Uferstraße „Am Obergraben" dem Rechtsbogen folgen → vor dem Wehr rechts in die Schöntaler Straße → nach dem ALDI-Gebäude links und gleich rechts in die Wasserstraße und gleich links auf den Radweg Richtung Witten → am Ufer entlang bis zur Einmündung des Radweges in die Wasserstraße. Für den Schlenker zur Burgruine Volmarstein auf die Straßenbrücke (Ruhrstraße) wechseln.

1 *Schlenker zur Burg Volmarstein (insg. 3,6 km):* Nicht auf die Radwegbrücke, sondern auf die Straßenbrücke fahren, anschließend die B 234 queren und auf den Radweg parallel zur B 226 wechseln → nach 650 m rechts ab in die Bachstraße und ihr bis zu einer Y-Kreuzung folgen → scharf links und nach 130 m scharf rechts vor zum Kramerweg, dort links zur Burg.

2 Auf gleichem Weg zurück zur Straßenbrücke, erneut die Ruhr queren und auf den Radweg (Radbrücke) wechseln.

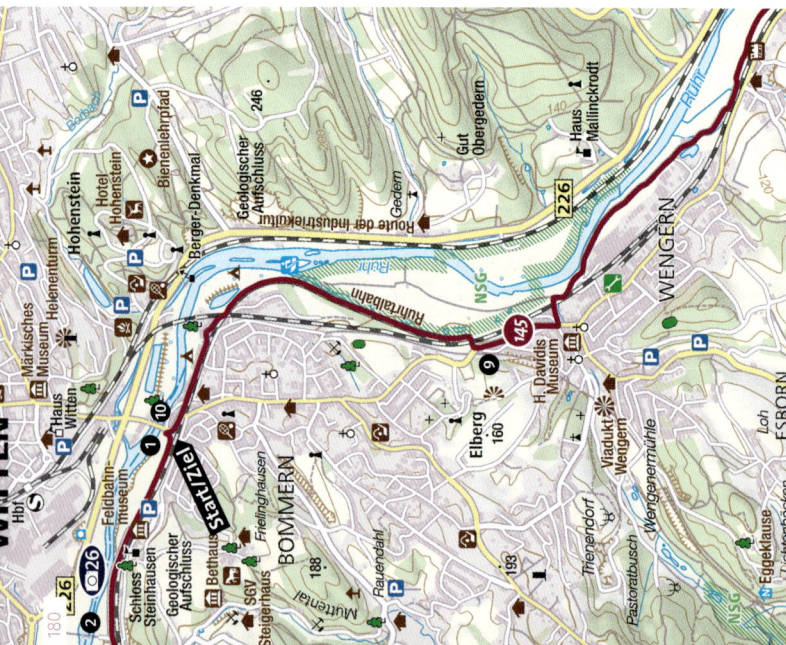

⑧ Von der Wasserstraße links auf die Radwegbrücke (neben der Straßenbrücke) fahren → an ihrem Ende rechts unter der Straßenbrücke hindurch und parallel zur Bahnlinie zum Ortsrand von Wengern und weiter zur Ruhr und der Mündung der Elbsche in die Ruhr → links unter der Bahn hindurch zur Wittener Straße → rechts auf der Wittener Straße aus dem Ort.

⑨ In einer Linkskurve noch vor der Brücke nach rechts auf den Ruhrtal-Radweg und zuerst links, nach der Bahnunterführung rechts der Bahngleise am Rand der Ruhrauen zum Campingplatz an der Ruhr und weiter auf dem Radweg zum Bahnhof Witten-Bommern. Für die Fahrt ins Zentrum von Witten/Ruhr an der folgenden Kreuzung rechts auf der Ruhrstraße über die Ruhrbrücke (1,2 km zum Märkischen Museum im Stadtzentrum).

Start

❶ Von der Ruhrbrücke rechts von den Gleisen bis zur Einmündung des Radwegs in die Nachtigallstraße (links geht es zum Gruben- und Feldbahnmuseum) → auf der Nachtigallstraße bis zum Abzweig zur Nachtigallbrücke (Variante für die Zeiten, in denen die Hardensteinfähre nicht fährt).

❷ Geradeaus weiter auf der Muttentalstraße (links Abzweig zur Zeche Nachtigall) → nach Pssieren der Zechen geradeaus auf den Radweg wechseln und parallel zu den Bahngleisen zur Fähre Hardenstein → mit der Fähre ans Westufer (von rechts mündet die Variante über die Nachtigallbrücke ein).

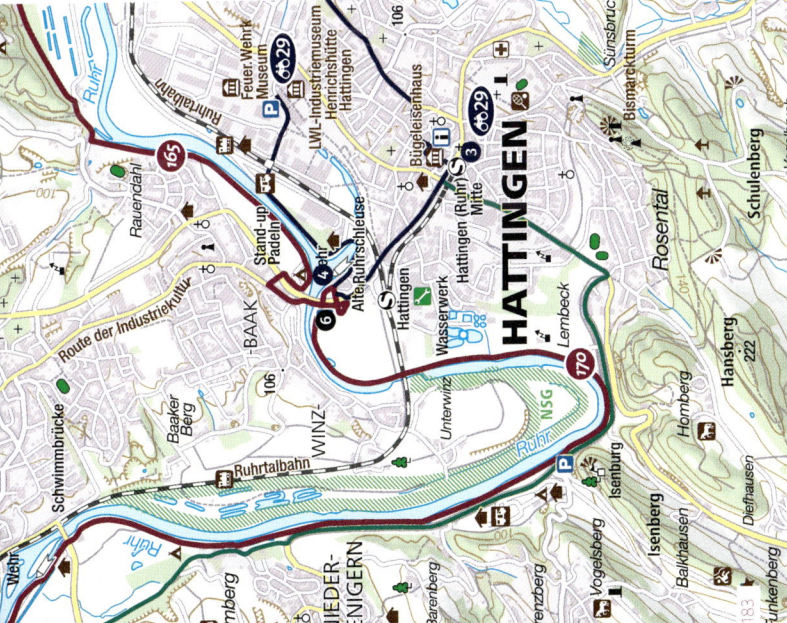

③ Vom Fähranleger West links entlang des Uferweges, nach der Umfahrung des Sportfischervereins rechts in die Straße „In der Lake" und geradeaus unter der Straßenbrücke hindurch → vor dem Parkplatz des Golfplatzes links auf den Radweg und entlang des Ufers unter der Autobahnbrücke hindurch zum Kemnader See, um die Nordspitze herum und entlang des Nordufers am Wehr (Ende des Stausees) vorbei zur Ruhrbrücke. Hier beginnt der Schlenker über die Wasserburg Haus Kemnade und Blankenstein nach Hattingen.

① *Schlenker über Haus Kemnade und Blankenstein nach Hattingen* (insg. 6,3 km): Über die Radfahrerbrücke geradeaus zum Haus Kemnade → geradeaus weiter zur Kreuzung Wittener Straße → rechts zum Abzweig zur Burg Blankenstein.

② Zurück zur Wittener Straße, nach rechts abbiegen und für knapp 4 km dem Verlauf der Straße nach Hattingen folgen → vor der Sporthalle rechts auf der Augustastraße in die Altstadt → durch die Altstadt zu den Bushaltestellen an der Martin-Luther-Straße. Hinter dem S-Bahnhof Hattingen zweigt links die Hochwasservariante ab (Nierenhofer Straße).

③ Zurück zum Hauptweg rechts entlang der Martin-Luther-Straße, später Bochumer Straße zum Ortsausgang, nach den letzten Häusern rechts auf den Leinpfad abbiegen und diesem zum Radweg folgen.

④ Zum Industriemuseum Henrichshütte beim Leinpfad rechts auf die Schleusenstraße zur alten Ruhrschleuse Hattingen und am Wasser entlang auf dem Leinpfad zur Henrichshütte; auf gleichem Weg zurück zur Ruhrbrücke und zum Ruhrtal-Radweg.

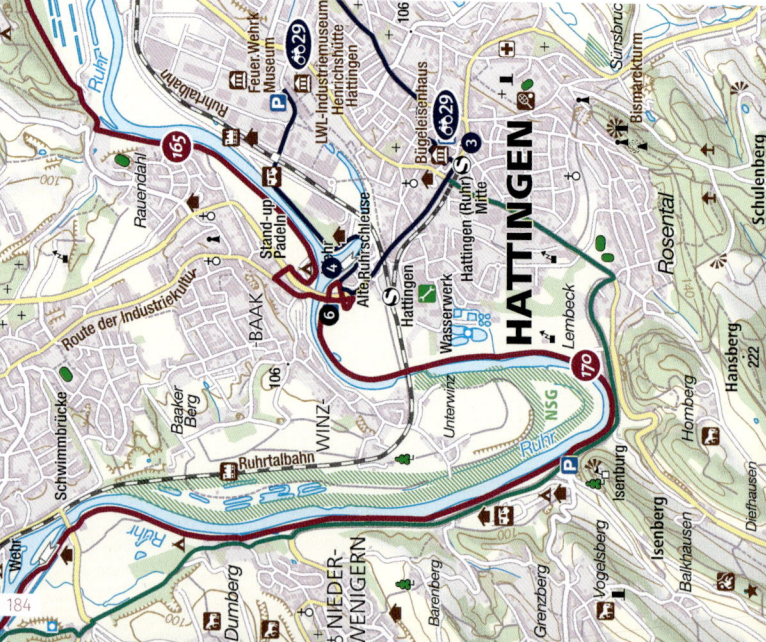

❹ Unter der Straßenbrücke hindurch bis zur Gaststätte Andrés alte Fähre (alte Fähranlegestelle in Bochum-Stiepel). Rechts weg vom Ufer → an der Weggabelung links und rechts des Flüsschens Nettelbecke zu einer T-Kreuzung → rechts in die Brockhauser Straße, dann links weiter auf der Brockhauser Straße.

❺ An der Weggabelung vor dem Wirtshaus Stiepel links halten und unter der Straßenbrücke hindurch → in einem Rechtsbogen auf der Blankensteiner Straße → gleich links in die Rauendahlstraße, am Waldrand entlang um die eingezäunte Wassergewinnungsanlage herum → beim Gebäude des Ruhrverbandes links und vorbei an der Gartenanlage Hattingen zurück zum Ufer der Ruhr → auf dem Leinpfad 6 km bis zum Campingplatz Ruhrbrücke in Hattingen → rechts auf die Ruhrstraße, durch das Campingplatzgelände, auf der Ruhrstraße hoch zur Brücke und über die Ruhr. Hier bei Hochwasser geradeaus weiter auf der Bochumer Straße nach Hattingen.

❻ Die Abfahrt von der Brücke nehmen und unter der Brücke hindurch → auf dem Leinpfad am Wasser entlang zur Eisenbahn-Ruhrbrücke Hattingen (vor der Brücke geht es links zum Bahnhof Hattingen/Ruhr) fahren → unter der Brücke hindurch und auf dem Leinpfad die Hattinger Schleife ausfahren, weiter auf dem Leinpfad zum Ruhrbogen bei Burgaltendorf, nördlich an der Wassergewinnungsanlage vorbei und auf dem Leinpfad bis zur Eisenbahnbrücke (über die Brücke zum Eisenbahnmuseum Bochum).

1 *Schlenker zum Eisenbahnmuseum Bochum (insg. 900 m):* Links die Auffahrt zur Radbrücke nehmen und geradeaus ins Gelände des Eisenbahnmuseums fahren; zurück auf gleichem Weg.

7 Geradeaus weiter auf dem Leinpfad, an der Schleuse Horst und dem „Leuchtturm" vorbei zur Holteyer Hafen → weiter auf dem Leinpfad zur Eisenbahnbrücke, unter dieser hindurch auf dem Weg Wichteltal am Bootshaus Ruhreck vorbei→ unter der Straßenbrücke durch und im Bogen auf die Ruhrbrücke ans Nordufer. Geradeaus geht es ins Zentrum von Bochum-Steele.

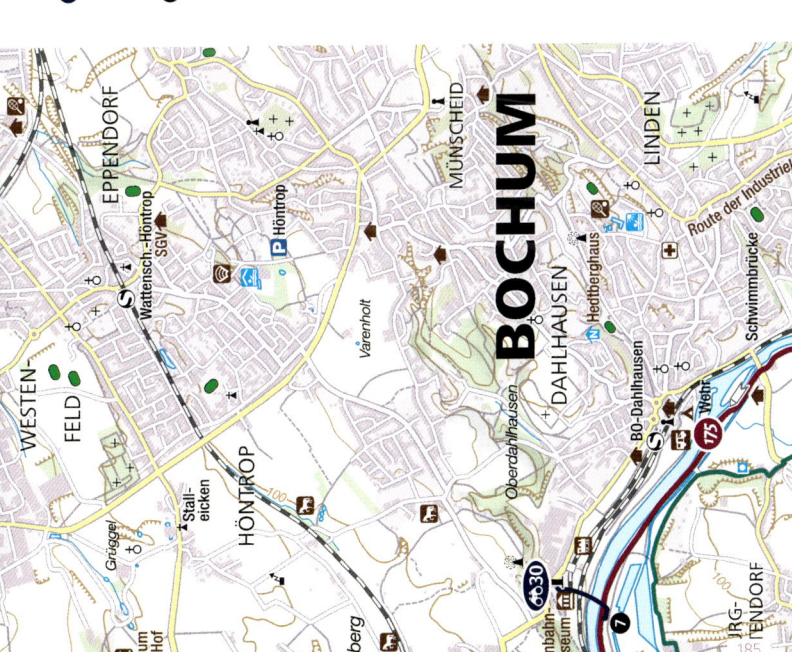

Start

1 Auf der Nordseite der Ruhrbrücke links, an der Wassergewinnungsanlage vorbei, über zwei Ruhrbrücken nach Rellinghausen → vor der Straßenbrücke links in die Straße „Zornige Ameise" → hinauf zur Konrad-Adenauer-Brücke, an der Ampel geradeaus über die Kreuzung.

1 *Schlenker zum Schloss Schellenberg (insg. 2,5 km):* Von der Straße „Zornige Ameise" zur Kreuzung, vor der Brücke die Frankenstraße queren und auf dem Radweg entlang der B 227 nach Süden → an der Ampel die B 227 queren und geradeaus in die Schellenbergstraße fahren, dem Straßenverlauf zum Schloss folgen. Vom Schloss auf gleichem Weg zurück zur Bundesstraße.

2 Dort rechts auf den Radweg und für 700 m der Bundesstraße folgen, an einem Übergang die Straßenseite wechseln.

3 Links abbiegen und zum Radweg fahren, dort rechts halten.

2 Links auf Radweg durch die Ruhrauen, über die Brücke → links zum Fährhaus Rote Mühle.

3 An der Mühle rechts und wenig später unter der Straßenbrücke hindurch vor zur Wuppertaler Straße → links auf den straßenbegleitenden Radweg → am Ende die Straße queren und rechts in die Straße „Stauseebogen" bis zum Parkplatz der See-Bar → links zur Eisenbahnbrücke. Für die Variante Nordufer Baldeneysee und Villa Hügel vor der Brücke rechts auf den Radweg.

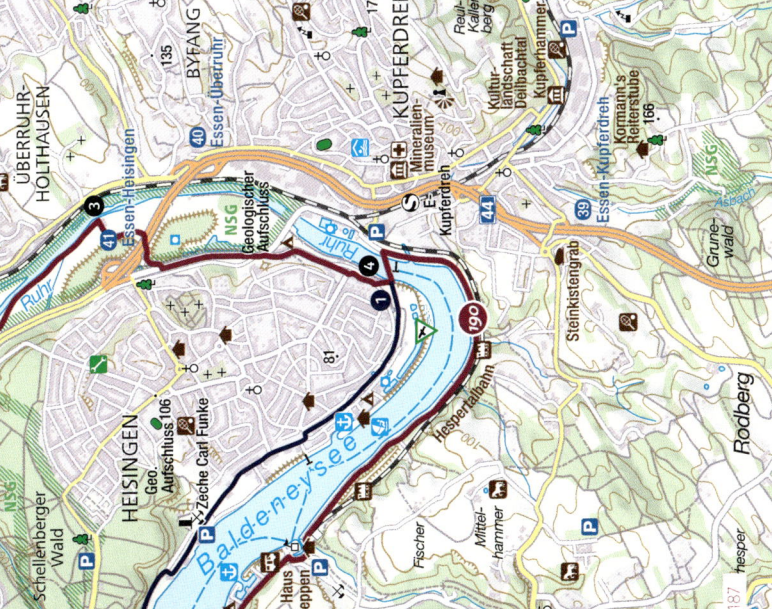

1 *Schlenker rechtes Seeufer (insg. 9 km):* Geradeaus auf dem Radweg zum Schloss Baldeney.

2 Vom Schloss geradeaus weiter, am Freizeitgelände vorbei zum Ufer → nach dem Regattaturm rechts, dann links in die Freiherrvon-Stein-Straße → rechts unter der Bahn hindurch → rechts durch den Park zur Villa Hügel → zurück zum Regattaturm.

3 Rechts vor zum Wehr und über dieses ans linke Seeufer.

4 Über die Eisenbahnbrücke Kupferdreh-Heisingen ans andere Ufer fahren → links ab und in einem Bogen unter der Brücke hindurch → am Hardenbergufer entlang zum Haus Scheppen → links um das Haus Scheppen herum und weiter am Südufer entlang zum Baldeneysee-Stauwehr (Schlenker zur Villa Hügel).

1 *Schlenker zur Villa Hügel (insg. 4,4 km):* Am Stauwehr die Ruhr queren → rechts auf dem Radweg → vor dem Regattaturm links und gleich wieder links in die Freiherr-von-Stein-Straße → rechts unter der Bahn durch und durch den Park zur Villa Hügel.

5 Vom Stauwehr am Südufer entlang zur Heckstraße in Werden, auf dieser weiter → nach der zweiten Kirche rechts in die JosephBreuer-Straße → unter den Brücken hindurch zur Einmündung in die Laupendahler Straße, den Markierungen über die Ruhrbrücke zur Straße „Im Löwental" folgen, auf dieser zur Ruhr → durch den Park zur Papiermühlenschleuse → auf dem Leinpfad zur Minigolfanlage „Am Kattenturm" → am Ufer entlang, unter der Bahnbrücke hindurch. Weg in die Kettwiger Altstadt: Weiter auf dem Leinpfad, unter der Straßenbrücke hindurch und rechts über die Steinbrücke in die Altstadt. Für die Variante am rechten Ruhrufer danach weiter auf dem Leinpfad bleiben.

❻ Den Leinpfad nach rechts verlassen → auf dem Promenaden-weg zur Ringstraße fahren → links über die Brücke vor zur Kreuzung → links in die Volckmarstraße → nach dem Rinderbach rechts in die Arndtstraße → rechts-links in den Mintarder Weg nach Mintard → links auf der Dorfstraße durch den Ort und unter der Autobahnbrücke hindurch.

❼ Nach der Brücke rechts in die Mintarder Dorfstraße, dem Straßenverlauf links-rechts durch die Mintarder Höfe folgen → nach dem Restaurant links auf dem Radweg in die Ruhrauen, die Mintarder Straße queren und geradeaus weiter → links auf den gekiesten Dammweg → unter der Brücke (B 1) hindurch → rechts zur Ruhr, kurz am Wasser entlang → links auf den Kahlenberg-weg (von links mündet die Variante Nordufer ein).

❽ Nach der Eisvogelbrücke rechts in den Saarner Auenweg, an den Sportstätten vorbei und rechts zur Ruhr → dem Auenweg fol-gen → eine Brücke führt über die B 223 → danach rechts auf dem Fossilienweg durch die Grünanlagen → über die Brücke und rechts zum Schloss Broich.

❾ Links am Schloss vorbei zur Kfar-Saba-Brücke → am Teich links-rechts den Schildern folgen → nach dem Wasserspielplatz unter der Ruhrbrücke hindurch, dann links haltend → nach der Konrad-Adenauer-Brücke gleich links und eine Schnecke hinauf zur Bergstraße → rechts auf den Radweg → die Bergstraße nach rechts auf dem Broicher Damm verlassen und über die Styru-mer Brücke → links auf den Styrumer Schlossweg → links auf

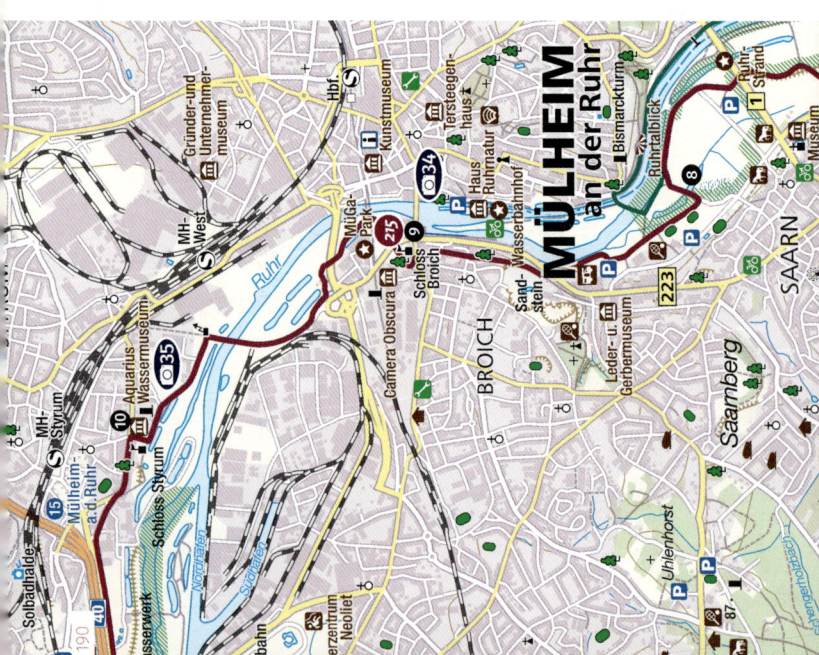

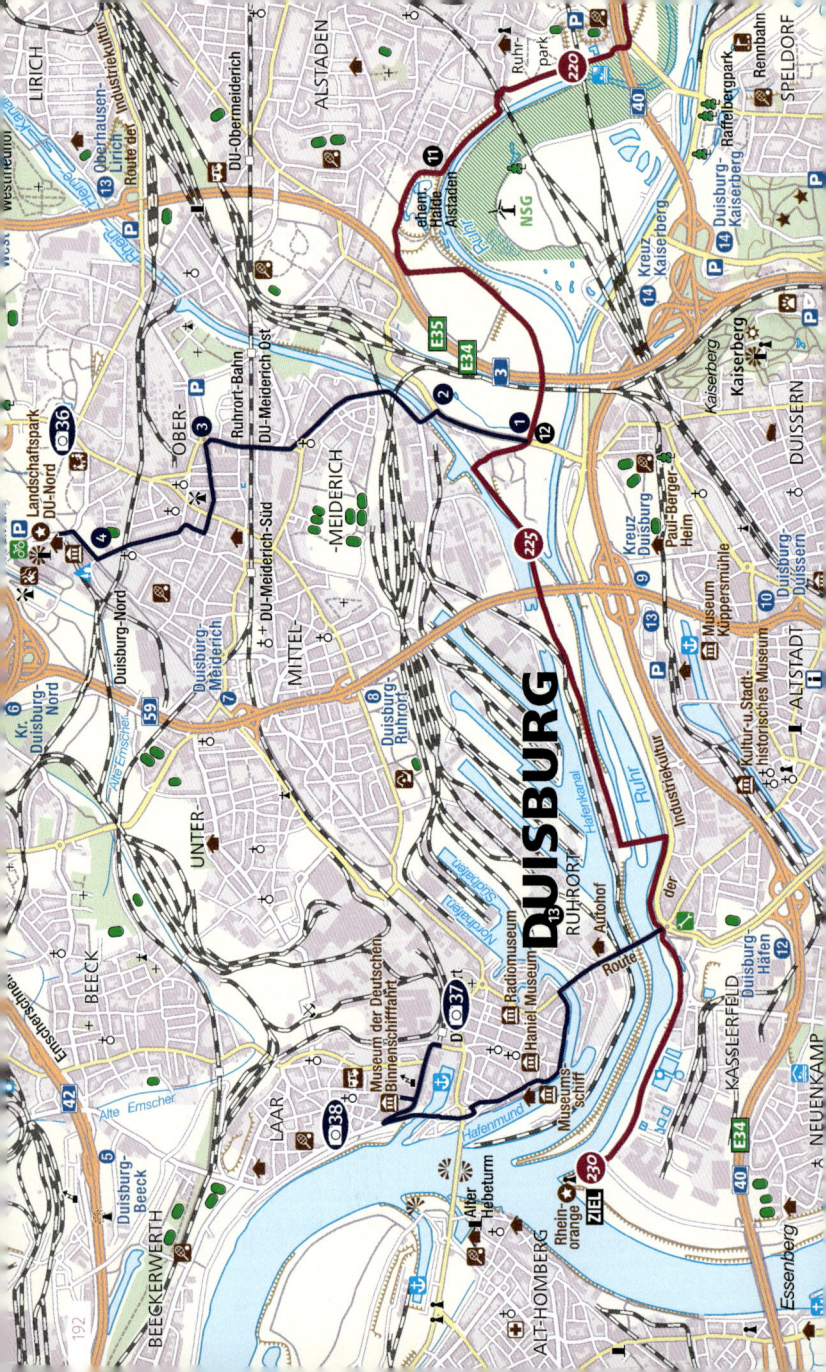

der Burgstraße zum Aquarius Wassermuseum und zum Schloss Styrum.

10 Auf der Burgstraße das Schlossgelände umrunden → links auf die Moritzstraße und nach dem IWW Zentrum Wasser links weiter der Moritzstraße folgen → rechts in die Steinkampstraße auf dem Radweg parallel zur Bahn → unter der Steinkampstraße und der Autobahn hindurch und in einem Rechts-Links-Schlenker rechts am Ruhrstadion vorbei (Friesenstraße) → links auf den Radweg → unter der Bahnbrücke hindurch → der Solbadstraße vor zur Kreuzung folgen → links in die Kewerstraße → im Rechtsbogen links in die Speldorfstraße und unter der Bahn hindurch → links hoch auf den Dammweg am Ortsrand von Oberhausen zum Panorama-Rastplatz an der Ruhr.

11 Rechts in die Straße „Am Ruhrufer" → vor der Autobahn links in die Speldorfer Straße, gleich wieder links und weiter auf der Speldorfer Straße vor zur Ruhr und in einem leichten Rechtsbogen unter der Autobahn und Bahn hindurch zur L 1. Nach rechts startet der Schlenker zum Landschaftspark Duisburg.

➊ *Schlenker zum Landschaftspark Duisburg (insg. 8,6 km):* Vom Radweg rechts auf die Emmericher Straße.

2 Links über die Ruhrbrücke zur Kreuzung → rechts für 1,7 km dem Straßenverlauf der Emmericher Straße folgen.

3 Im Kreisverkehr die zweite Ausfahrt Bronkhorststraße nach Westen → rechts in die Moritz-Tigler-Straße bis zur T-Kreuzung → links in die Brückelstraße und gleich rechts in die Talbahnstraße.

4 Vor der Kraftzentrale und dem Parkplatz Jugendherberge rechts in den „Grünen Pfad" und entlang des Gebäudes vor zur Emmerscherstraße → links in den Landschaftspark zum Gasometer. Zurück auf gleichem Weg

12 Unter der L 1 hindurch und links in die Emmerichstraße, vorbei am Tauchcenter → vor den ersten Häusern links zum Rhein-Herne-Kanal → links am Kanal entlang zur Brücke über den Verbindungskanal → auf dem Radweg unter der Autobahnbrücke hindurch zur Schleuse Meiderich → links auf die Straße „Pontwert", nach 1 km auf dem Uferweg links der Straße weiter über die Insel → links über die Ruhrschleuse und das Stauwehr zur Straße „Ruhrdeich", dort rechts halten und auf dem Ufer-Radweg vor zur Karl-Lehr-Brücke.

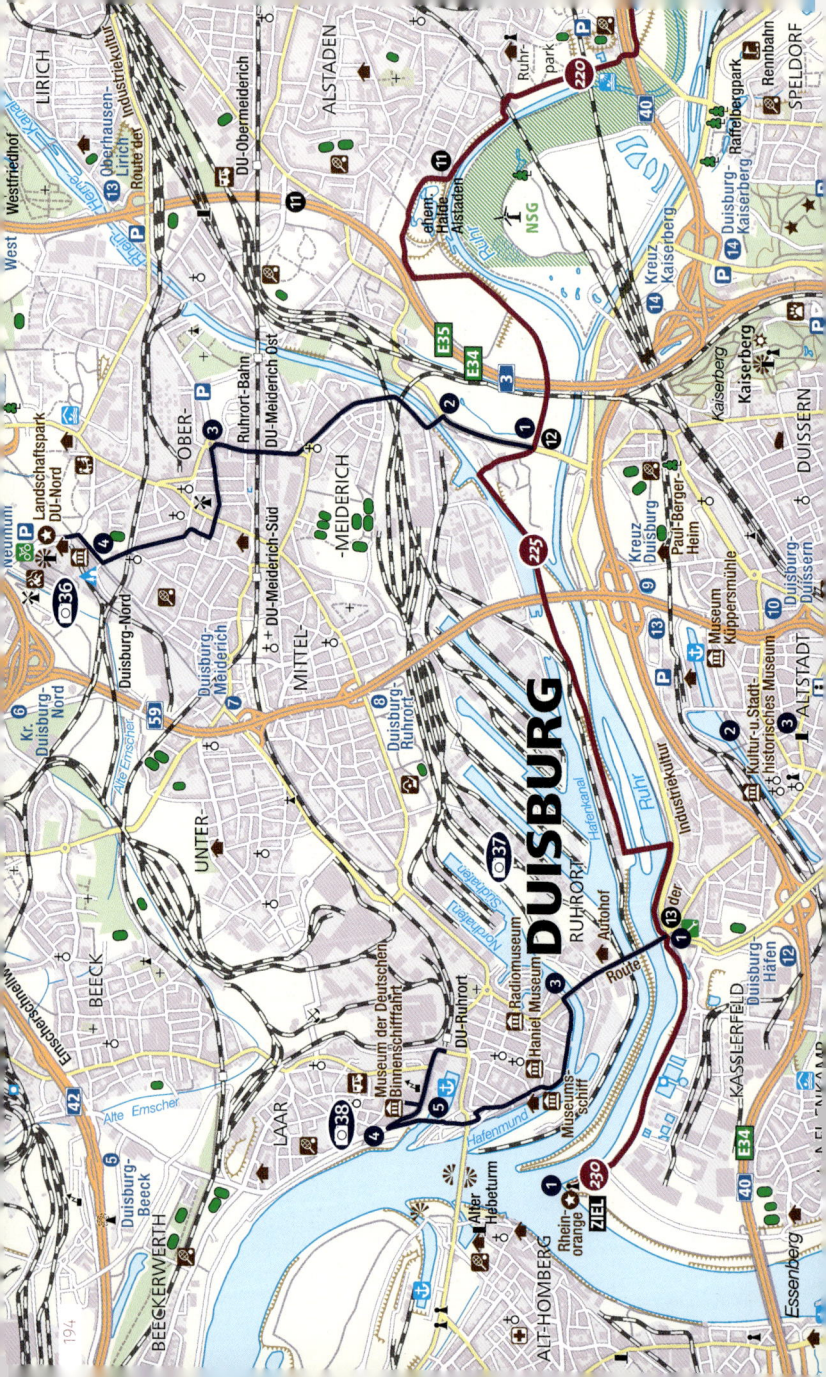

13 Nach der Brücke in einem Linksschwenk hoch auf die Straße „Am Bört" und auf dieser in 1,9 km zum Ende des Ruhrtalradwegs bei der Stahlstele „Rheinorange". Das Ziel ist erreicht!

Es gibt zwei Varianten für die Heimreise:

Fahrt zum Bahnhof Ruhrort (3,7 km): Von der Stehle zurück zum Kreisverkehr.

1 *Fahrt zum Bahnhof Ruhrort (3,7 km):* Von der Stehle zurück zum Kreisverkehr.

2 Links über die Karl-Lehr-Brücke und auf der Ruhrorter Straße zwei Kanäle queren.

3 In Duisburg-Ruhrort links in die Krausstraße, diese geht in die Dammstraße über → dem Verlauf der Straße folgen → unter der Abfahrt der Friedrich-Ebert-Brücke hindurch → auf der Brücke über den Eisenbahnhafen vor zur Deichstraße.

4 An der Einmündung im spitzen Winkel rechts in die Deichstraße und auf dieser vor zur Kreuzung mit der Apostelstraße → rechts zum Museum der Deutschen Binnenschifffahrt, dann zurück zur Deichstraße.

5 Bis zur T-Kreuzung und rechts in die Friedrich-Ebert-Straße, in einem Rechtsbogen zum Bahnhof Duisburg Ruhrort.

Fahrt zum Hauptbahnhof Duisburg (5,9 km): Von der Stele zurück zum Kreisverkehr, einen dreiviertel Kreis fahren und die Abfahrt „Ruhrdeich" nehmen.

1 *Fahrt zum Hauptbahnhof Duisburg (5,9 km):* Von der Stele zurück zum Kreisverkehr, einen dreiviertel Kreis fahren und die Abfahrt „Ruhrdeich" nehmen.

2 Auf der Straße „Ruhrdeich" geradeaus → vor der METRO rechts in die Max-Peters-Straße → die Schifferstraße queren.

3 Auf der Buckelbrücke das Hafenbecken queren → der Straße „Springwall" in einem Rechtsbogen zu einer T-Kreuzung folgen.

4 Links in die Köhnenstraße (straßenbegleitender Radweg), dann Landfermannstraße (straßenbegleitender Radweg) → unter dem Gleiskörper hindurch.

5 Rechts in die Neudorfer Straße zum Bahnhof Duisburg.

Zeit den Akku aufzuladen

Deine Radreise soll ein unvergessliches Erlebnis werden. Dazu gehört auch das aufladen der Akkus sowohl von Mensch als auch Maschine. Verlässliche und aktuelle Informationen hierzu finden sich auf den Seiten der Tourismusverbände und Tourist-Information der Orte.

ANREISE & ABREISE

Eine komfortable Fahrplanauskunft bietet der Verkehrsverbund Rhein-Ruhr (VRR) im Internetportal: **www.vrr.de**

Für den Hochsauerlandkreis ist auch die Webseite von Regionalverkehr Ruhr-Lippe hilfreich: **www.rlg-online.de**

TOURENPLANUNG

Die Abfahrtszeiten der DB- und S-Bahnen haben sich

als wichtigstes Kriterium beim Durchfahren des Ruhrtalradwegs in Einzeletappen erwiesen. Es ist am besten, Fahrpläne und Übernachtungsadressen auf das Phone zu laden, um sie stets parat zu haben und gegebenenfalls telefonisch Kontakt aufnehmen zu können. Mit Kindern ist im westlichen Ruhrgebiet die Windstärke zu beachten, da die vorherrschenden Westwinde nicht von Bergen gebremst werden.

UNTERWEGS MIT KINDERN

Der Ruhrtalradweg mit seiner guten Infrastruktur und dem flachen Relief bietet beste Voraussetzungen für das Radeln mit Kindern. Generell gilt beim Fahren mit Kindern: Das schwächste Mitglied einer Gruppe bestimmt die Länge der Etappen. Nie dürfen konditionell Schwächere dazu überredet werden, doch noch vielleicht x-km zu schaffen, denn genau diese x-km, die der Stärkere als „Klacks" empfindet, können für die Schwächeren zu viel sein.

ZENTRALE INFORMATIONSSTELLEN

Internetportal zum Ruhrtalradweg: **www.ruhrtalradweg.de**

ORTE & TOURISMUSBÜROS

ARNSBERG
Neumarkt 6, 59821 Arnsberg, Tel. 02931/4055, www.arnsberg.de

BESTWIG
Tourist-Info, Bundesstr. 139, 59909 Bestwig, Tel. 02904/712810, www.bestwig.de

BOCHUM
Ruhr-Infocenter, Huestraße 9, 44787 Bochum, Tel. 0234/963020, www.bochum.de

DORTMUND
Touristinformation, Kampstraße 80, 44137 Dortmund, Tel. 0231/189990, www.visit.dortmund.de

DUISBURG
Ruhr-Visitorcenter, Königstraße 86, 47051 Duisburg, Tel. 0203/285440, www.duisburg.de

ESSEN
Tourist-Info, Im Handelshof, Kettwiger Straße 2–10, 45127 Essen, Tel. 0201/8872333, www.visitessen.de

FRÖNDENBERG
Tourismus, Bahnhofstraße 2, 58730 Fröndenberg/ Ruhr, Tel. 02373/9760, www.froendenberg.de

HAGEN
Touristinformation, Körner-
straße 25, 58095 Hagen,
Tel. 02331/80999-80,
www.hagen-online.de

HATTINGEN
Tourist-Info, Haldenplatz 3,
45525 Hattingen,
Tel. 02324/2043095,
www.hattingen-
marketing.de

HERDECKE
Heimat- und Verkehrs-
verein, Kirchplatz 3,
58313 Herdecke,
Tel. 02330/611207,
www.herdecke.de

ISERLOHN
Stadtinfo, Bahnhofsplatz 2,
58644 Iserlohn,
Tel. 02371/2171820,
www.iserlohn.de

MENDEN
Heimat- und Verkehrs-
verein, Neumarkt 5, 58706
Menden, Tel. 02373/9030,
www.menden.de

MESCHEDE
Tourist-Info, Le-Puy-Straße
6–8, 59872 Meschede,
Tel. 0291/9022443,
www.meschede.de

MÜLHEIM
Touristinfo,
Schollenstraße 1, 45468
Mülheim an der Ruhr,
Tel. 0208/960960,
www.muelheim-ruhr.de

OBERHAUSEN
Ruhr-Infolounge,
Willy-Brandt-Platz 2 (am
Hauptbahnhof),

46045 Oberhausen,
Tel. 0208/824570,
www.oberhausen.de

OLSBERG
Touristik und Stadt-
marketing Olsberg GmbH,
Ruhrstr. 32, 59939 Olsberg,
Tel. 02962/97370,
www.olsberg.de

SCHWERTE
Touristik-Info Schwerte,
Ruhrtalmuseum (Altes Rat-
haus),
Brückstraße 14,
58239 Schwerte,
Tel. 02304/104777,
www.schwerte.de

WETTER
Stadtmarekting,
Kaiserstraße 78,
58300 Wetter/Ruhr,
Tel. 02335/840188,
www.stadtmarketing-
wetter.de

WICKEDE
Tourist Info, Hauptstraße
81, 58739 Wickede/Ruhr,
Tel. 02377/9150,
www.wickede.de

WINTERBERG
Tourist-Info, Am Kurpark 4,
59955 Winterberg,
Tel. 02981/92500,
www.winterberg.de

WITTEN
Tourist & Ticket Service,
Marktstraße 7,
Rathausplatz,
58452 Witten,
Tel. 02302/19433
Tel. 02302/12233,
www.stadtmarketing-
witten.de

IMPRESSUM

© KOMPASS-Karten, A-6020 Innsbruck (21.01)
1. Auflage 2021   Verlagsnummer 6912   ISBN 978-3-99044-764-2

Konzept & Projektleitung: Matthias Albrecht (KOMPASS-Karten GmbH)
Grafische Herstellung: Raphaela Moczynski
Text & Bild (soweit nicht anders angegeben): Raphaela Moczynski

Titelbild: Zu zweit unterwegs auf dem Ruhrtalradweg (© Arno Studio / Westend61 - stock.adobe.com)

S. 4/5; S. 119; S. 125; S. 126/127; S. 132/133; S. 136/137: © dietwalther – stock.adobe.com
S. 6/7 oben; S. 30/31; S. 36/37: © Dzinnik Darius – stock.adobe.com
S. 6/7 unten: © Ronny Gängler – stock.adobe.com
S. 8/9 oben; S. 40/41; S. 69; S. 72/73; S. 76/77: © Marcus Rietkowietz – stock.adobe.com
S. 8/9 unten; S. 92/93; S. 122/123: © Frank Kuschmierz – stock.adobe.com
S. 10/11 oben; S. 142/143: © saiko3p – stock.adobe.com
S. 10/11 unten; S. 146/147: © dreakrawi – stock.adobe.com
S. 12/13: © DisobeyArt – stock.adobe.com
S. 14/15; S. 16/17: © Ira Budanova – stock.adobe.com
S. 18/19: © rustamark – stock.adobe.com
S. 20/21: © YesPhotography – stock.adobe.com
S. 22/23: © dusanpetkovic1 – stock.adobe.com
S. 24/25: © Diamant Fahrradwerke GmbH
S. 26/27: © Pawel Michalowski – stock.adobe.com
S. 32: © Samuel – stock.adobe.com
S. 32/33; S. 64/65 unten; S. 102: © Tobias Arhelger – stock.adobe.com
S. 34/35; S. 84: © ErnstPieber – stock.adobe.com
S. 36: © twilight art pictures – stock.adobe.com
S. 39: © traveler70 – stock.adobe.com
S. 41: © Pixel62 – stock.adobe.com
S. 42/43; S. 52/53: © www.tanja-esser-auftragsatelier.de – stock.adobe.com
S. 43: © Joël Wüstehube – stock.adobe.com
S. 45/46; S. 90; S. 121: © Niko Endres – stock.adobe.com
S. 46/47: © Clemens Scheumann – stock.adobe.com
S. 48: © photocrew – stock.adobe.com
S. 48/49: © Paul Deakin
S. 51: © LianeM – stock.adobe.com
S. 52: © Bernd Kasper – stock.adobe.com
S. 54/55; S. 68; S. 80/81: © sehbaer nrw – stock.adobe.com
S. 56: © s.thomas – stock.adobe.com
S. 57; S. 70; S. 151: © VICUSCHKA – stock.adobe.com
S. 58/59: © Bjoern Alberts – stock.adobe.com
S. 60: © ON-Photography – stock.adobe.com
S. 60/61: © Evgeni Tcherkasski
S. 62/63: © udohertel – stock.adobe.com
S. 64/65 oben: © Eva Lechner – pixelio.de
S. 66: © Volker Speckenwirt, WAZ-FotoPool
S. 67: © Andreas Martin – stock.adobe.com
S. 74/75: © P.S.Design - stock.adobe.com
S. 78: © Minh-Thuan Huynh – stock.adobe.com
S. 82/83 oben: © Daniel Wirtz – stock.adobe.com
S. 82/83 unten: © Adrian v. Allenstein – stock.adobe.com
S. 84/85: © mitifoto – stock.adobe.com

Alle Angaben und Tourenbeschreibungen wurden nach bestem Wissen gemäß unserer derzeitigen Informationslage gemacht. Die Radtouren wurden sehr sorgfältig ausgewählt und beschrieben, Schwierigkeiten werden im Text kurz angegeben. Es können jedoch Änderungen an Wegen und im aktuellen Naturzustand eintreten. Radfahrer und alle Kartenbenützer müssen darauf achten, dass aufgrund ständiger Veränderungen die Wegzustände bezüglich Befahrbarkeit sich nicht mit den Angaben in der Karte decken müssen. Bei der großen Fülle des bearbeiteten Materials sind daher vereinzelte Fehler und Unstimmigkeiten nicht vermeidbar. Die Verwendung dieses Radreiseführers + Extratourenkarte erfolgt ausschließlich auf eigenes Risiko und auf eigene Gefahr, somit eigenverantwortlich. Eine Haftung für etwaige Unfälle oder Schäden jeder Art wird daher nicht übernommen. Für Berichtigungen und Verbesserungsvorschläge ist die Redaktion stets dankbar. Korrekturhinweise bitte an folgende Anschrift:

KOMPASS-KARTEN GMBH
Karl-Kapferer-Straße 5, A-6020 Innsbruck
www.kompass.de/service/kontakt